古代歷史文化 研究輯刊

二七編

王明蓀 主編

第 8 冊

五季宋初史論探（下）

曾育榮 著

國家圖書館出版品預行編目資料

五季宋初史論探（下）／曾育榮 著 -- 初版 -- 新北市：花木蘭文化事業有限公司，2022〔民 111〕

目 2+146 面；19×26 公分

（古代歷史文化研究輯刊 二七編；第 8 冊）

ISBN 978-986-518-776-7（精裝）

1.CST：五代史 2.CST：宋史

618　　　　　　　　　　　　　　　　110022107

古代歷史文化研究輯刊

二七編 第 八 冊　　　　　　ISBN：978-986-518-776-7

五季宋初史論探（下）

作　　者　曾育榮

主　　編　王明蓀

總 編 輯　杜潔祥

副總編輯　楊嘉樂

編輯主任　許郁翎

編　　輯　張雅淋、潘玟靜、劉子瑄　美術編輯　陳逸婷

出　　版　花木蘭文化事業有限公司

發 行 人　高小娟

聯絡地址　235 新北市中和區中安街七二號十三樓

　　　　　電話：02-2923-1455 ／傳真：02-2923-1452

網　　址　http://www.huamulan.tw 信箱 service@huamulans.com

印　　刷　普羅文化出版廣告事業

初　　版　2022 年 3 月

定　　價　二七編 13 冊（精裝）台幣 38,000 元

五季宋初史論探(下)

曾育榮　著

目

次

出處之間：
王禹偁的仕、隱取向及其抉擇

　　王禹偁（954～1001）是北宋政治改革與古文運動的先驅，也是宋初直道著史的代表，歷來備受學界矚目，相關研究成果甚夥，詳情可參考田宏瑞、祝令甫的兩篇綜述。〔註1〕不過，在王禹偁研究目前看似題無剩義的表象下，迄今仍然存在論者少有涉足的論題，如王禹偁仕宦與歸隱的二元人生取向，及其由此引發的兩者間長期的糾葛、博弈，並最終在理想與現實的雙重夾擊下，艱難走向自我價值回歸的心路歷程等問題的考察，即為其中之一。儘管有學者曾對王禹偁仕隱觀的演變及其吏隱詩有所梳理和闡發，〔註2〕但其主旨在於勾勒王禹偁仕隱觀念的嬗變軌跡，解構吏隱詩的寫作風格和意蘊，所論或稍欠詳盡。本篇則擬從儒道觀念、政治生態、君臣關係與家計維持等方面，結合其人特定的人生際遇，並置之於當時特定的社會心理及政治背景之下，分析王禹偁思想的波動、情感的張力以及人生價值的取捨，以探究其在仕隱取向上艱難抉擇的過程，揭示其背後的深層次原因，冀望有裨於學界對此問題認識的深化。

一、仕宦之動因：「致君望堯舜，學業根孔姬」

　　王禹偁「家本寒素」，「梁季亂離，舉族分散」，其父母遂舉家從澶淵（今

〔註1〕田宏瑞：《王禹偁研究綜述》，《河北工程大學學報》（社會科學版）2007 第 1
　　　　期；祝令甫：《20 世紀八十年代後王禹偁研究綜述》，《青年文學家》 2010 年
　　　　第 1 期。
〔註2〕林曉娜：《論王禹偁仕隱觀的演變及其吏隱詩》，《江淮論壇》2015 年第 2 期。

河南濮陽）遷徙至濟州（今山東巨野），「當時（禹偁）未名，以乞丐自給，無立錐之地以息幼累」〔註3〕，全家依靠磨麥製麵維持生計。幼小之時，禹偁即已閱覽白居易、元稹《長慶集》，〔註4〕「總角之歲，就學於鄉先生」〔註5〕，「十餘歲，能屬文」〔註6〕。太平興國八年（983），進士及第，自此踏入仕途，開啟首尾二十年的宦海生涯。

通過科舉考試躋身官僚階層，是唐宋以來絕大多數讀書人夢寐以求的人生理想，而最終穿越科舉的狹窄孔道，真正實現自下而上流動者，可謂鳳毛麟角，其中的寒門子弟更是少之又少。就此而言，禹偁無疑足夠幸運。然而，他的仕宦之旅並不平坦，既有三任制誥，一入翰林的顯赫經歷，又有八年之中三遭貶黜的慘痛遭遇，因此在看似無限榮光的背後，其實又充滿難以言說的苦悶和怨懟。咸平四年（1001）五月十七日，禹偁卒於蘄州（今湖北蘄春）任上，享年四十八歲。值得追問的是，在宦海沉浮的大起大落中，支撐禹偁仕宦人生的原因何在？下述思想、情感與現實三方面的因素，頗值留意。

首先是儒家思想的長久浸潤。禹偁自小即接受儒家學說的正統教育，所謂「總角之歲……授經之外，日誦律詩一章」〔註7〕。其亦嘗道：「予自幼服儒教，味經術，嘗不喜法家流，少恩而深刻。」〔註8〕儒教與經術自幼年時期起，即已深深植入其腦海。淳化三年（992）春，其詩曰：「吾生非不辰，吾志復不卑。致君望堯舜，學業根孔姬。」〔註9〕又說：「步驟依班馬，根源法孔姬。」〔註10〕直抒仰慕周文王、孔子治國思想的胸臆，表達致君堯舜的遠大抱負。「我愛三代時，法度有深根。」〔註11〕更是鮮明地表露出其對三代社會的嚮往。其深受儒家思想之影響，由此可見一斑。

儒家思想以「禮治」「德治」和「人治」為內核，追求修身正己，忠君衛

〔註3〕（宋）王禹偁：《王黃州小畜集》卷19《送鞠仲謀序》，四部叢刊初編本，第133冊，上海書店影印本1989年版。

〔註4〕《王黃州小畜集》卷3《不見陽城驛序》。

〔註5〕《王黃州小畜集》卷20《孟水部詩集序》。

〔註6〕（宋）司馬光：《涑水記聞》卷3「王禹偁」，中華書局點校本1989年版，第42頁。

〔註7〕《王黃州小畜集》卷20《孟水部詩集序》。

〔註8〕《王黃州小畜集》卷15《用刑論》。

〔註9〕《王黃州小畜集》卷3《吾志》。

〔註10〕《王黃州小畜集》卷8《謫居感事》。

〔註11〕《王黃州小畜集》卷6《一品孫鄭昱》。

民，強調君君、臣臣、父父、子子的等級秩序，忠君是為第一要義。而忠君與忠於社稷、忠於朝廷，實則一體兩面，也就是一而二、二而一的關係，內涵並無差別。禹偁對此篤信不疑，即便「慍于群小，誠有謗詞」，被貶至黃州（今湖北黃州），不免心有未甘，但忠赤依舊，誠如所言：「霜摧風敗，芝蘭之性終香。日遠天高，葵藿之心未死。」〔註12〕其竭誠報答朝廷的理想，更有直白表述：「臣業文之外，蔑有器能。知命之年，別無嗜好。才思未滅，筆力尚雄，馳於文翰之場，猶能識路。責以循良之政，恐誤分憂。倘用所長，期不辱命。」〔註13〕顯示出其渴望重入內廷擔任兩制、三館之官，充分發揮個人特長，以報效君王和國家的願望。其詩亦道：「君恩無路報，民瘼無術瘳。唯慚戀祿俸，未去耕田疇。」〔註14〕忠於君王、社稷之情，日月可鑒。

儒家思想的忠君意識，體現於現實層面，即是恪盡職守，替君王分憂。因此，作為臨事治民的各級官吏，當以朝廷、社稷利益為重，盡職盡責，解除民眾疾苦，使地方治理井然有序，所謂「男兒得志升青雲，須教利澤施于民」〔註15〕。正是在上述思想的指導下，禹偁為宦地方期間，莫不以蒼生為念，關心民瘼，並力所能及地採取有效措施以減輕百姓負擔，故而治績斐然。

由於出身貧苦家庭，禹偁深知下層民眾疾苦，而多次任職州縣的經歷，又使其對此感同身受。如其自述：「少苦寒賤，又嘗為州縣官，人間利病亦粗知之。」〔註16〕實際上，百姓生活的好壞，又與親民官吏的治理是否得當直接相關。有感於底層民眾生活的苦難，禹偁主政地方之時，謹守「字人叨屬邑，畏德每循牆」〔註17〕的儒家德治理念，以勤勉自勵，力求為官一任，造福一方。雍熙二年（985）至雍熙四年（987），禹偁知長洲縣，鑒於「無名之租息，比諸江北，其弊猶多」，「今若又以榷酒之數，益編戶之賦，何異負重致遠者未有息肩之地而更加石焉」〔註18〕，請求上級長官減免當地民戶的酒稅負擔。另據《吳都文粹續集補遺》著錄《為長洲令自敘》記載：禹偁所在的長洲縣，「土甚瘠而民不懈，吏好欺而賦愈重」，以致「廉其身而濁者忌之，真其

〔註12〕 《王黃州小畜集》卷22《黃州謝上表》。
〔註13〕 《王黃州小畜集》卷22《謝加朝請大夫表》。
〔註14〕 《王黃州小畜集》卷6《月波樓詠懷》。
〔註15〕 《王黃州小畜集》卷13《對酒吟》。
〔註16〕 《王黃州小畜集》卷18《上太保侍中書》。
〔註17〕 《王黃州小畜集》卷7《投柴殿院》。
〔註18〕 《王黃州小畜集》卷18《上許殿丞論榷酒書》。

所而曲者惡之」,吏治堪憂。而在稻禾歉收的年度,官府催徵賦稅者「日不下數百輩」,民眾「菜色在面而血流於膚」,禹偁「因出吏部考課曆,納質於巨商,得錢一萬七千緡,市白粲而代輸之」,以實際舉動解決當地百姓的生存問題。

至道元年(995)五月至至道二年(996)十一月,禹偁知滁州,上任當年夏天,轄境之內旱情嚴重,「厥田本塗泥,坐見生埃氛」〔註19〕,稻秧無法種植。禹偁循察民情,到處求雨,甚至不惜在歷來反感的寺廟供奉香花紅燭,以安慰憂心如焚的滁州百姓,所謂「誠知非典故,且慰旱熯人」〔註20〕。在此任期內,他還察覺,滁州百姓輸炭於饒州,供鑄錢之用,而「自滁抵饒,溯回江濤,人頗諮怨」〔註21〕。於是,他根據唐代鑄錢爐冶之分布情形,飛奏朝廷,請求分監冶鑄。時值其他臣僚也上疏反映此事,朝廷遂於池州設分監鑄錢,此舉達到了使當地百姓免於泛舟數千里奔波之苦的目的。

咸平二年(999)三月,禹偁出守黃州。上任不久,即向朝廷鄭重表達治理地方的決心:「謹當勤求人瘼,遵奉詔條,窒塞囂訟之民,束縛憸猾之吏。敢言課最,庶免曠遺,況當求理之朝,必為無害之政。」〔註22〕而施政一方,務須熟悉該地情形,下車伊始,其上表稱:「黃州地連雲夢,城倚大江。唐時版籍二萬家,稅錢三萬貫。今人戶不滿一萬,稅錢止及六千。雖久樂昇平,尚未臻富庶。」〔註23〕當時的黃州較之於唐代,人戶雖為 1/2,稅錢卻僅及 1/5,經濟實力明顯下降。因此,本地普通平民百姓的基本願望,就是獲取免於凍餒的基本生存保障。有感於此,禹偁始終留意民生疾苦,正如其詩所云:「年年更願再熟稻,倉箱免使吾民饑。」〔註24〕關心民瘼的執著信念,清晰可見。禹偁體恤民情,以甘苦為念。咸平三年(1000)十月二十日,黃州至寒,竟然罕見結冰。禹偁有詩嘗道:「凌旦騎馬出,溪溪薄潾潾。路旁饑凍者,顏色頗悲辛。飽暖我不覺,羞見黃州民。」〔註25〕通過詩作表達對忍饑受凍的黃州州民的深切關懷,並反躬自省。在出守黃州前後一年間,孰料災異接二連三,

〔註19〕《王黃州小畜集》卷 5《和楊遂賀雨》。
〔註20〕《王黃州小畜集》卷 5《和楊遂賀雨》。
〔註21〕《王黃州小畜集》卷 17《江州廣寧監記》。
〔註22〕《王黃州小畜集》卷 22《黃州謝上表》。
〔註23〕《王黃州小畜集》卷 22《黃州謝上表》。
〔註24〕《王黃州小畜集》卷 13《瑞蓮歌》。
〔註25〕《王黃州小畜集》卷 6《十月二十日作》。

禹偁誠惶誠恐將之稟報朝廷，期望引起最高統治者的警覺，並採取妥當措施以規避各種風險。

知黃州任上的勤政與努力，最終換來「政化孚洽」﹝註26﹞的局面，王禹偁本人亦因此而深受郡民擁戴。後來，黃州州學內設有「三賢堂」，祀奉者包括知州王禹偁、留寓韓琦和同為謫宦的蘇軾，真實地反映出禹偁等人在黃州民眾心目中的崇高地位。至於稱其為「王黃州」，則又是當地百姓寄託哀思、追念風采、推譽善政的真實寫照。當然，這也是王禹偁精心治理地方的典型例證和必然結果。

凡此種種，莫不是儒家思想內聖外王之道的絕佳體現，而這種致君澤民、效忠朝廷的理念深深植入禹偁靈魂深處，並貫穿其一生，影響持久而深遠，即便仕途受挫，也無法從根本上予以撼動。

其次是知遇之恩的竭誠感戴。自開寶六年（973）宋太祖在科舉考試中將殿試制度化以降，原先締結於考官與及第士子間的「座主門生」關係不復存在，取而代之的是皇帝與及第士子間的「天子門生」關係。這種「恩門」關係轉變的實質意義在於，主持殿試的天子通過直接「鬻恩」於士子，而使及第士人感受到帝王知遇之恩的極度榮寵，並終身為之感恩戴德，竭力效忠君王，服務社稷。就此而論，及第於太宗朝的禹偁，對太宗的拔擢之情始終念念不忘，實在無比正常。

仍應看到的是，禹偁二十年的仕宦經歷，太宗一朝即長達十五年。其間曾兩任制誥，一入翰林，又曾兩起兩黜，備嘗屈辱。儘管貶黜之時，禹偁不無怨言，但對君恩的感激明顯佔據上風。之所以如此，其實與太宗的賞識和眷顧密不可分。﹝註27﹞

禹偁任大理評事、知長洲縣期間，與同年生羅處約，「日相與賦詠，人多傳誦」，太宗聞知後，於端拱元年（988）正月，「召試，擢右拾遺、直史館，賜緋」﹝註28﹞。禹偁在知縣任上僅有四年光景，便進入清貴之地的三館任職，擢升之速不為多見。禹偁對此分外感激，太宗下詔求直言，即獻《端拱箴》一篇，以寓規諷。次年正月，又上《禦戎十策》，提出穩定北部邊境的十條建議；

﹝註26﹞（宋）沈虞卿：《小畜集後序》，見《王黃州小畜集》附錄。
﹝註27﹞潘守皎：《王禹偁與宋太宗、真宗的舊知新怨》，《齊魯學刊》2011年第5期。
﹝註28﹞（元）脫脫等：《宋史》卷293《王禹偁傳》，中華書局點校本1985年版，第9793頁。

同年三月，太宗親試貢士，召王禹偁使作歌，他援筆立就。太宗謂侍臣曰：「此歌不踰月遍天下矣。」〔註29〕即拜左司諫、知制誥。入京一年，禹偁便遂兩制之願，這自然是太宗特別嘉賞的結果。當年冬天，京畿大旱，禹偁又上書請求節減財政開支，並直言「君臣之間，政教有闕」，「上答天譴，下厭人心」〔註30〕。太宗不以為忤，並未治其罪。淳化元年（990）正月，太宗御朝元殿受冊尊號，王禹偁攝中書侍郎，捧玉冊玉寶，不久被封為柱國。謝恩日，太宗面賜金紫。此時的王禹偁深受太宗器重，可謂春風得意，榮寵至極。

然而，太宗的眷顧並非一成不變，而一旦寵信不再，禹偁的仕途亦隨之發生波折。淳化二年（991）八月，禹偁抗疏為徐鉉雪誣，惹怒太宗，被貶為商州團練副使。但太宗的賞識依然令其刻骨銘心，如其詩云：「遷客乍離羣，秋砧不忍聞。回頭戀紅藥，失腳下青雲。尚假金貂冕，猶殘柱國勳。此身未敢死，會擬報明君。」〔註31〕僅僅歲餘，禹偁即被量移解州。因上疏言父親老邁，請求遷徙東土。頗具惜才之心的太宗，乃召之還朝。淳化四年（993）八月，即授左正言、直史館；同年十一月，上表寄望太宗任命其為知制誥或東魯（今山東）一知州，「以養高堂垂白之親」〔註32〕。次年正月，禹偁赴曹州決獄；三月，奉敕知單州，並賜錢三百貫。對此，禹偁感念不已，上表稱：「居二千石之權，已為望外。受三十萬之賜，實自宸衷。」以至於「感深而淚濕詔書，戀極而魂飛帝闕」〔註33〕。同年四月，禹偁被召還京師授禮部員外郎，再知制誥。至此可見，太宗實際上一一滿足了禹偁的要求，君臣相知遠非尋常可比。次年正月，禹偁召拜翰林學士，兼知審官院及通進、銀臺、封駁司，由是達到仕途的巔峰。

不過，時隔未久，變故再生。至道元年（995）四月，開寶皇后（太祖皇后宋氏）之喪，群臣不成服，禹偁認為：「后嘗母儀天下，當遵用舊禮。」〔註34〕太宗不悅。五月，以坐輕肆，罷禹偁為工部郎中、知滁州軍州事。即便二次被貶，禹偁依然難以忘懷太宗的不次拔擢之情，如其自述：「伏念臣

〔註29〕（宋）王稱：《東都事略》卷39《王禹偁傳》，《二十五別史》本，第19冊，齊魯書社點校本2000年版，第311頁。

〔註30〕（宋）李燾：《續資治通鑒長編》卷30，端拱二年十月，中華書局點校本2004年版，第688頁。

〔註31〕《王黃州小畜集》卷8《旅次新安》。

〔註32〕《王黃州小畜集》卷21《陳情表》。

〔註33〕《王黃州小畜集》卷21《單州謝上表》。

〔註34〕《宋史》卷293《王禹偁傳》，第9795頁。

早將賤跡，誤受聖知。進身不自於他人，立節惟遵於直道。」〔註35〕至道二年（996）十一月，禹偁便移知揚州。次年三月，太宗駕崩。噩耗傳來，尚在揚州任上的禹偁為之涕泗縱橫，在官舍設奠祭拜，並賦詩以志哀痛之情：「鼎湖髯斷去難攀，九五飛龍已御乾。兩制舊臣生白髮，一番新貴上青天。老為郎吏承纏経，假作諸侯哭几筵。疏賤無由撰哀冊，夢中空負筆如椽。」〔註36〕其後，又作《太宗皇帝輓歌》三首，抒發「金鑾舊學士，頭白涕漣洏」的哀傷。並在詩作中，盡情表達對太宗的忠心與感念：「謬提文筆侍先皇，謫臣歸來遇國喪。……昨日梓宮陪哭臨，淚多唯有老馮唐。」〔註37〕

繼太宗嗣位的真宗，同樣格外賞識禹偁。即位不久，真宗下詔求直言，禹偁上疏言事，針對邊防、冗費、選舉、僧尼與用人五方面的問題，〔註38〕直陳己見，觸及現實問題的要害。至道三年（997）九月初，禹偁歸闕；十二月，以刑部郎中守本官，復知制誥。真宗並親與之論文，《國老談苑》卷一備載其事：

> 禹偁奏曰：「夫進賢黜不肖，闢諫諍之路，彰為誥命，施之四方，延利萬世，此王者之文也。至於雕纖之言，豈足軫慮思，較輕重於瑣瑣之儒哉！願棄末務大以成宗社之計。」真宗顧曰：「卿愛朕之深矣。」〔註39〕

君臣相知相得，藉此可知。其後，禹偁因修《太祖實錄》直書其事，再度被貶謫至黃州。不過，感戴君王之情仍舊存於心間，其詩即道：「盡待食人祿，將何報君恩。」〔註40〕在任期間，因屢現災異，心不自安，遂上疏自劾。「上遣內使乘馹勞問，醮禳之，詢日官，云：『守土者當其咎。』上惜禹偁才，是日，命徙蘄州。」〔註41〕真宗並未因災異之事而問責於禹偁，反而為使其躲避災難，下令移知他州，惜才愛才之心盡顯無遺。咸平四年（1001）四月到任之後，禹偁病重之際上謝表，其中兩聯曰：「宣室鬼神之問，不望生還；茂陵封

〔註35〕《王黃州小畜集》卷21《滁州謝上表》。
〔註36〕《王黃州小畜集》卷11《先帝登遐聖君嗣位追惟恩顧涕泣成章》。
〔註37〕《王黃州小畜集》卷11《闕下言懷上執政三首》。
〔註38〕（宋）王禹偁：《上真宗論軍國大政五事》，載（宋）趙汝愚編《宋朝諸臣奏議》卷145《總議一》，上海古籍出版社點校本1999年版，第1652頁。
〔註39〕（宋）王君玉：《國老談苑》卷1，文淵閣四庫全書本，第1037冊，臺灣商務印書館1986年版，第634頁。
〔註40〕《王黃州小畜集》卷6《一品孫鄭昱》。
〔註41〕《宋史》卷293《王禹偁傳》，第9799頁。

禪之書，正期身後。」〔註42〕借用漢代賈誼和司馬相如的典故，表達個人邂逅明主，以期報國的強烈願望。次月，禹偁辭世。可見，他「許國丹誠皎日懸」〔註43〕的感恩戴德之情至死不渝。

最後是內憂外患的現實刺激。太宗在位期間，北宋王朝已然呈現內外交困的嚴峻形勢，統治階級內部的一些有識之士，寄望朝廷切實採取有效措施擺脫上述困境，實現大治，禹偁即為其中的重要一員。端拱元年（988）三月，太宗下詔求直言，他在上奏中提到：「臣曾為縣吏，每督民租，為尺布斗粟之逋，行滅耳鞭刑之法，因知府庫，皆出生靈。」〔註44〕故而大聲疾呼：「無侈乘輿，無奢宮宇，當念貧民，室無環堵。無崇臺榭，無廣陂池，當念流民，地無立錐。⋯⋯勿謂豐財，經費不節，須知府庫，聚民膏血。勿謂強兵，征伐不息，須知干戈，害民稼穡。」〔註45〕要求政府節約財政開支，重視農業生產，抑制豪強兼併，減少軍事征伐。當年，禹偁又向太宗上《三諫書序》，矛頭直指「縉紳浮競，風俗澆漓」，「象教彌興，蘭若過多」，「選舉因循，官常隳紊」〔註46〕等問題，期望能端正士風，沙汰僧尼，減省官吏。端拱二年（989）正月，時任右正言、直史館的王禹偁，又上書陳述備邊禦戎之策，並藉此提出匡扶時政的初步設想，力倡改革，直言「寇不在外而在乎內也」〔註47〕，顯示出對於時局的敏銳洞察力，以及居廟堂之高、心繫社稷的憂患意識。

至道三年（997）五月，真宗下詔求直言。鑒於「邊鄙未盡寧，人民未甚泰，求利不已，設官太多」的現實情形，禹偁提出如下五條建議：其一曰謹邊防，通盟好，使輦運之民有所休息；其二曰減冗兵，並冗吏，使山澤之饒稍流於下；其三曰艱難選舉，使入官不濫；其四曰沙汰僧尼，使疲民無耗；其五曰親大臣，遠小人。〔註48〕並呼籲：「治之惟新，救之在速。」而不能拘守腐儒「三年無改於父之道，可謂孝矣」的迂闊之論，陷入「不知古今異制，家國殊途」的誤區。〔註49〕

〔註42〕《東都事略》卷39《王禹偁傳》，第313頁。
〔註43〕《王黃州小畜集》卷11《和屯田楊郎中同年留別之什》。
〔註44〕《王黃州小畜集》卷21《進端拱箴表》。
〔註45〕（宋）王禹偁：《王黃州小畜外集》卷10《端拱箴》，四部叢刊初編本，第133冊，上海書店影印本1989年版。
〔註46〕《王黃州小畜集》卷19《三諫書序》。
〔註47〕《續資治通鑒長編》卷30，端拱二年正月，第675頁。
〔註48〕《上真宗論軍國大政五事》，第1652頁。
〔註49〕《上真宗論軍國大政五事》，第1649頁。

禹偁公忠體國，宋人黃庭堅即有「往時王黃州，謀國極匪躬」〔註50〕之語，而「以直躬行道為己任，遇事敢言，雖履危困，封奏無輟」〔註51〕，實乃其一生縮影。知黃州期間，禹偁仍然力主革新時政，其上疏指出：「改轍更張，因時立法，固無拘執。太祖削諸侯跋扈之權，不得不爾。太宗年偽國，夷妖巢，本以杜僭偽覬望之術，其如救世設法，久則弊生，救弊之道，在乎從宜……見幾而作，為社稷遠圖，疾若轉規，不可膠柱。」〔註52〕主張朝廷因時而變，順應時勢建章立制，所謂「在乎從宜」，「因時立法」，而不可執守陳法，不知變通，乃至貽誤時機。

與關注時局，心懷天下的理念相呼應，禹偁在黃州期間也曾提出具體的改良措施。因獲悉濮州知州王守信、監軍王昭度家，深夜遭盜賊洗劫，咸平三年（1000）十二月，禹偁上書朝廷指出，由於種種原因，「今江、淮諸郡，大患者三：城池隳圮，一也；兵仗不完，二也；兵不服習，三也。今濮賊之興，慢防可見。」為消除隱患，鞏固根基，確保地方太平，禹偁建議：「凡江、浙、荊湖、淮南、福建等郡，約民戶眾寡，城池大小，並許置本城守捉軍士，不過三五百人，勿令差出，止城中閱習弓劍，然後漸葺城壘，繕完甲冑。郡國張禦侮之備，長吏免剽略之虞。」〔註53〕以上言論是維護一方安寧，增強地方自衛實力的針對性策略，可防患於未然，符合鞏固王朝統治的需要，故深得真宗賞識。

禹偁曾將目光投向獄中病囚，並提出改變現狀的策略。咸平四年（1001）二月，鑒於各地「病囚院每有患時疾者，互相浸染，或致死亡」，禹偁遂上言：「請自令〔今〕持伏〔仗〕劫（衍字，當刪）劫賊，徒、流以上，有疾即於病牢將治；其鬥訟、戶婚，杖以下得情款者，許在外責保看醫，俟瘥日處分。」〔註54〕即根據病囚所犯罪行輕重的不同，刑事懲罰的差異，分為在病牢治療和在外就醫兩種。此種處理更加人性化，可一定程度減少病囚因相互傳染而致死亡的情形。當月，真宗採納其奏，「令諸路置病囚院，持仗劫賊

〔註50〕（宋）祝穆：《方輿勝覽》卷50《淮西路·黃州》，中華書局點校本2003年版，第892頁。
〔註51〕《續資治通鑑長編》卷49，咸平四年六月，第1064頁。
〔註52〕（宋）王禹偁：《上真宗乞江湖諸郡置本城守捉兵士》，載（宋）趙汝愚編《宋朝諸臣奏議》卷122《兵門·州郡兵》，第1342頁。
〔註53〕《續資治通鑑長編》卷47，咸平三年十二月，第1038頁。
〔註54〕（清）徐松輯：《宋會要輯稿》刑法六之五二，中華書局影印本1956年版，第6719頁。

徒流以上有疾者處之，餘悉責保於外」〔註55〕。

《孟子·離婁下》有「是故君子有終身之憂，而無一朝之患」的說法，禹偁倡言時事的耿直作風，實則淵源於其在關注現實問題的基礎上，引發的對家國命運和社稷前途的深層憂慮。這種憂患意識又進一步確立了其以天下為己任的宏大抱負，並愈加堅定了他以「匡躬之士奮命而言」〔註56〕的信念，兩者互為激蕩，從而構成其仕宦意識中的重要元素，此點亦是考察其人仕途之旅又一應予關注的方面。

二、歸隱之念想：「為郎身漸老，自笑不歸山」

仕與隱，何去何從，往往是傳統士人必須直面的選擇。《論語·衛靈公》曰：「邦有道，則仕；邦無道，則可卷而懷之。」《論語·泰伯》又曰：「天下有道則見，無道則隱。」照此理解，「有道」與「無道」是士人選擇仕與隱的基本判定標準。然而，姑且不論「有道」與「無道」是否有涉抽象，單就現實社會的複雜性而言，即令身處同一社會的現實個體，基於個人體驗，在「有道」與「無道」的判斷上，通常未盡一致，甚而截然相反。因此，仕與隱存在於中國傳統社會的任一歷史時期，其間的因緣實在很難以「有道」與「無道」一言以蔽之。結合王禹偁所處社會條件來看，同樣無法採取「有道」與「無道」的判別尺度，簡單地對結束五代十國分裂割據局面的趙宋王朝定性。客觀而論，其時士人選擇仕與隱的理由，固然不乏對現實政治環境的感觸，更多則是源於個人心靈的體悟。

在王禹偁的仕宦生涯中，歸隱的念想屢有萌現，其詩作對此多有反映，如「會當辭祿東陵去，數畝農田一柄鋤」〔註57〕；「五十擬歸耕，何必懸車期。……自無經濟術，烏用碌碌為」〔註58〕；「惟當共心約，收拾早歸田」〔註59〕；「道孤自合先歸隱，俸薄無由便買山。出坐兩衙皆勉強，此心長在水雲間」〔註60〕；「惟當早休去，幽處卜吾廬」〔註61〕；「林泉何處好，終卜

〔註55〕 《續資治通鑒長編》卷48，咸平四年二月，第1052頁。
〔註56〕 《王黃州小畜集》卷15《既往不咎論》。
〔註57〕 《王黃州小畜集》卷7《閣下詠懷》。
〔註58〕 《王黃州小畜集》卷5《北樓感事》。
〔註59〕 《王黃州小畜集》卷5《老態》。
〔註60〕 《王黃州小畜集》卷10《為郡》。
〔註61〕 《王黃州小畜集》卷10《迂儒》。

掛吾纓」〔註62〕；「他日歸田（去），相扶入蓽門」〔註63〕。再如「白頭郎署
成何事，見擬休官自種田」〔註64〕；「何當解印綬，歸田謝膏粱。教兒勤稼
穡，與妻甘糟糠」〔註65〕；「為郡殊無味，歸田素有心」〔註66〕；「重入玉堂
非所望，汝陽田好欲歸耕」〔註67〕；「已覺文章無用處，不歸田里待何時」
〔註68〕；「猶期少報君恩了，歸臥山村作老農」〔註69〕；「空愧先師輕學圃，
未如平子便歸田。此身久蓄耕山計，不教拋官為左遷」〔註70〕；「會解綸闈
求郡印，早收余俸卜歸田」〔註71〕。上述詩句中「歸耕」「歸田」「歸隱」的
反覆出現，明顯流露出作者遁跡林泉的願望。而其之所以「未行此志吾戚戚，
對酒不飲抑有由」〔註72〕，希望隱逸山林，無意躋身仕途，亦有其特定原因。

其一是屢遭貶謫的仕途失意。從太宗淳化二年（991）至真宗咸平元年
（998）的短短八年間，禹偁竟三遭貶黜，故有「吾生苦遷謫」〔註73〕、「薄
宦苦流離，壯年心已衰」〔註74〕的慨歎。而每一次貶謫，無啻於心靈的一次
重創，進而或多或少地使其對居官從政的理念產生懷疑，以致萌生離開仕途
的想法，所謂「宦途多齟齬，身計頗悲涼。行將解簪笏，歸去事農桑」〔註75〕。
而這種心跡在其每次貶謫後的詩文創作中，都有不同程度的顯示。

第一次貶謫，緣於為徐鉉辯誣。淳化二年（991）八月，盧州尼道安誣陷
左散騎常侍徐鉉與妻甥姜氏通姦，而姜氏係道安之嫂。時任左司諫、知制誥
的王禹偁執法為徐鉉雪誣，抗疏論道安告姦不實之罪。為此觸怒有意庇護僧
尼的太宗，次月，禹偁被解除知制誥職務，貶為商州團練副使。這次貶謫對
禹偁打擊較大，內心多少有些不滿，其詩嘗道：「盛事誰能及，非才不自遑。

〔註62〕《王黃州小畜集》卷10《滁上謫居》（之四）。
〔註63〕《王黃州小畜集》卷11《壽孫三日》。
〔註64〕《王黃州小畜集》卷10《朝簪》。
〔註65〕《王黃州小畜集》卷5《聞鴞》。
〔註66〕《王黃州小畜集》卷10《荒亭晚座》。
〔註67〕《王黃州小畜集》卷11《酬太常晁丞見寄》。
〔註68〕《王黃州小畜集》卷11《公退言懷》。
〔註69〕《王黃州小畜集》卷11《闕下言懷上執政》（之二）。
〔註70〕《王黃州小畜集》卷9《偶置小園因題二首》。
〔註71〕《王黃州小畜集》卷11《伏日偶作》。
〔註72〕《王黃州小畜集》卷12《對雪示嘉祐》。
〔註73〕《王黃州小畜集》卷5《八絕詩八首·白龍泉》。
〔註74〕《王黃州小畜集》卷7《春日官舍偶題》。
〔註75〕《王黃州小畜集》卷5《東門送郎吏行寄承旨宋侍郎》。

殊恩難負荷，薄命果讒張。得罪麑山郡，攜家出帝鄉。何時重到此，駐馬淚浪浪。」〔註76〕並發出「逐臣自可死，何必在遠惡」〔註77〕，「六里山川多逐客，貳車官職是籠禽」〔註78〕的怨言。淳化四年（993）正月的南郊大禮，身為謫臣的王禹偁詩中提到：「鳳閣舊臣期赦宥，免教長似觸藩羝。收盡洛南遷客淚，舊朝衣上淚潺潺。」〔註79〕當年四月，在量移解州後，又有「便似人家養鸚鵡，舊籠騰倒入新籠」〔註80〕的自嘲；八月，禹偁被召還朝，授左正言、直史館，品級與被貶前相同，故心有不甘，其詩即道：「便休祿仕飢寒累，強逐班行面目慚。安得去如種處士，板輿榮侍臥終南。」〔註81〕

第二次貶謫，坐輕肆貶為工部郎中、知滁州軍州事。其謫官之製詞云：「（王禹偁）頃以文詞，薦升科級，而徇徉臺閣，頗歷歲時。朕祗荷丕圖，思皇多士，擢自綸閣，實於禁林。所宜體大雅以修身，蹈中庸而率性；而操履無取，行實有違，頗彰輕肆之名，殊異甄升之意。宜遷郎署，俾領方州。勉務省躬，聿圖改節。」〔註82〕「操履無取，行實有違」的嚴厲措辭，令禹偁羞愧難當，痛徹心腑，兩年之後仍然對此銘心刻骨，難以釋懷，其詩即道：「誥辭黜責子孫羞，欲雪前冤事已休。」〔註83〕但其內心終究無法接受「輕肆」的罪名，故有「靜思熟慮，未免一訴。然前事是非，不敢較辨」〔註84〕的說法。

第三次貶謫，則係因修《太祖實錄》直書其事。其追述此事曰：「以微臣之行己，遇陛下之至公。久當辯明，未敢伸理。今則上國千里，長淮一隅。雖叨守土之榮，未免謫居之歎。」〔註85〕不久，在寄呈宰相李沆的詩中道：「未甘便葬江魚腹，敢向臺階請罪名。」〔註86〕史籍又載：「王元之自翰林學士〔知制誥〕以本官刑部郎中知黃州，遣其子嘉祐獻書于中書門下，以為：『朝廷

〔註76〕《王黃州小畜集》卷8《初出京，過瓊林苑》。
〔註77〕《王黃州小畜集》卷3《酬種放徵君一百韻》。
〔註78〕《王黃州小畜集》卷8《春日登樓》。
〔註79〕《王黃州小畜集》卷9《南郊大禮詩》。
〔註80〕《王黃州小畜集》卷9《量移後自嘲》。
〔註81〕《王黃州小畜集》卷10《再授小諫，偶書所懷》。
〔註82〕（宋）佚名編：《宋大詔令集》卷203《黜翰林學士尚書禮部員外郎知制誥王禹偁制》，中華書局排印本1962年版，第757頁。
〔註83〕《王黃州小畜集》卷11《闕下言懷上執政》。
〔註84〕《王黃州小畜集》卷18《與李宗諤書》。
〔註85〕《王黃州小畜集》卷22《黃州謝上表》。
〔註86〕（宋）王禹偁：《王黃州小畜外集》卷7《出守黃州上史館相公》，四部叢刊初編本，第133冊，上海書店影印本1989年版。

設官，進退必以禮，一失錯置，咎在廊廟。某一任翰林學士，三任制誥舍人，以國朝舊事言之，或得給事中，或得侍郎，或為諫議大夫。某獨異於斯，斥去不轉一級，與錢穀俗吏，混然無別，執政不言，人將安仰！』」〔註87〕字裏行間，明顯可見禹偁對於朝廷處置自己結果的憤懣。

其二是世俗道教的耳濡目染。宋初政治思想領域佔據主導地位的是儒家思想，但國家意識層面流行的黃老思想卻分外惹人注目。尤其是太宗、真宗兩朝，以清靜無為為特徵的黃老思想極為突出，即如禹偁所言：「我國家尚黃老之虛無，削申商之法令。坐黃屋以無事，降玄纁而外聘。有以見萬國之風，咸歸乎清靜。」〔註88〕而宋初統治策略上呈現出的黃老特色，又與國家意識領域中的崇道取向高度一致。北宋初期伊始，崇道之風即已顯露端倪。

在上述風氣的薰染下，入仕之前，禹偁即已接受世俗道教的洗禮，此點在其與友人詩歌中時有顯現，如「乍似碧落長拖萬丈虹，飲竭四海波瀾空」；「他年卻入蓬萊宮，休使麻姑更爬背」；「上玄應恐天地閒，安仙又謫來人寰」〔註89〕；「玉皇殿前受恩渥，一時命入芙蓉幕」〔註90〕等等。詩中所涉天上二十八宿，地上三十六洞天，皆為道教修真或飛昇之處。初任京官時，禹偁假日常常身披羽衣道服，其詩有云：「鮑照貽我羽人衣，下直何妨盡日披。老去自堪將野鶴，客來休更佩金龜。」〔註91〕貶謫商州後，更是經年如此，長著而不離身，所謂「褚冠布褐皂紗巾，曾忝西垣寓直人。此際暫披因假日，如今長著見閒身」〔註92〕。淳化三年（992）元宵節，夜不成寐，其讀《莊子·逍遙遊》，賦詩曰：「爐灰畫盡不成寐，賴有《逍遙》一帙書。」〔註93〕又曰：「子美集開詩世界，伯陽書見道根源。」〔註94〕凡此種種，似可表明，進入仕途前後，道教的相關書籍及其著裝，一直長期陪伴禹偁左右，由此反映出禹偁之於道教的推崇。

道教講求順乎自然，法天節地，寓含歸隱宗旨。晚年知黃州期間，公務處理完畢之餘，禹偁常至黃州城西北的小竹樓，身披鶴氅，頭戴華陽巾，手

〔註87〕（宋）洪邁：《容齋隨筆》卷5《國初人至誠》，中華書局點校本2005年版，第71頁。

〔註88〕《王黃州小畜集》卷23《崆峒山問道賦》。

〔註89〕《王黃州小畜集》卷13《酬安秘臣歌詩集》。

〔註90〕《王黃州小畜集》卷13《酬安秘丞見贈長歌》。

〔註91〕《王黃州小畜集》卷7《謝同年黃法曹送道服》。

〔註92〕《王黃州小畜集》卷8《道服》。

〔註93〕《王黃州小畜集》卷8《上元夜作》。

〔註94〕《王黃州小畜集》卷9《日長簡仲咸》。

執《周易》，焚香默坐，夏天聽雨，冬天聽雪，攬月品茗，悠然自得，忘情物外。而其在有關詩文中所極力渲染的恬淡自適與居陋自持的心境，又何嘗不是回歸自然、優游林泉、放情山水的歸隱念想呢？咸平三年（1000）初冬，其詩直抒胸臆：「昔賢終祿養，往往歸隱淪。」〔註95〕同年，禹偁於黃州公署西偏建成書齋一所，取《論語》「人不知而不慍，不亦君子乎」之義，名曰「無慍齋」〔註96〕。不久，又建成寢室一所，名曰「睡足軒」〔註97〕，取杜牧《憶齊安》「平生睡足處，雲夢澤南州」〔註98〕之義。其歸隱的想法愈益直白，這也是其深受道教思想左右的結果。

其三是隱逸之風的潛移默化。隱逸現象，源於先秦，自此之後，無代不有，而尤以亂世為多。唐末五代，兵戈不息，寰宇板蕩，為苟全性命於亂世，在以名節相高的讀書人中，沉潛不仕者大有人在，或為避世，或為善道，不一而足。「宋興，巖穴弓旌之召，疊見於史。」〔註99〕宋初屢屢見諸史載的搜求隱士的詔令，正是其時隱逸之風仍然盛行的明證。而隱士陳摶等人獨具的「不羈之行」「獨善之心」〔註100〕的人生追求，也令禹偁嚮往不已。與宋初知名隱士鍾放之間非同一般的情誼，則極為典型地反映出隱逸之風對其精神世界的影響。

鍾放（956～1016），字明逸。七歲能屬文，與其母偕隱終南山豹林谷中，結草茅為廬，以進習為業，學者多從之，得束脩以養母。淳化三年（992），王禹偁有詩三首贈鍾放，即《小畜集》卷九《恭聞鍾山人（放）表謝急徵不違榮侍因成拙句仰紀高風》與《再賦二章，一以頌高人之風，一以伸俗吏之意》。鍾放亦以詩報之。其後，酬答鍾放之詩又曰：「況茲山野性，謨畫昧方略。搔首謝朝簪，行將返耕鑿。」〔註101〕較為直接地顯露出個人棄官歸隱的心跡。這種意願在《贈鍾放處士》中亦有表述：「他年解郡職，願許我為鄰。」而在仕途多蹇之際，鍾放隱淪之舉彰顯的「山林養素，孝友修身」的高潔情操，似乎對禹偁的吸引力更加強烈，其詩即道：「宦途滋味飽更諳，命薄於人分亦甘。

〔註95〕《王黃州小畜集》卷6《十月二十日作》。
〔註96〕《王黃州小畜集》卷17《無慍齋記》。
〔註97〕《小畜集後序》，見《王黃州小畜集》附錄。
〔註98〕《方輿勝覽》卷50《淮西路・黃州》，第893頁。
〔註99〕《宋史》卷457《隱逸傳上・序》，第13417頁。
〔註100〕《王黃州小畜集》卷26《批答處士陳摶乞還舊山》。
〔註101〕《王黃州小畜集》卷3《酬鍾放徵君》。

兩鬢雪霜為小諫，六街泥雨趁常參。便休祿仕飢寒累，強逐班行面目慚。安得去如鍾處士？板輿榮侍臥終南。」〔註102〕

咸平元年（998），鍾放母親去世，貧不克葬，遂遣僮奴告知翰林學士宋湜等。宋湜與錢若水、王禹偁同上表言：「今聞放執親之喪，貧不能葬。……雖共謀分俸，而未若推恩。況褒岩穴之賢，敢掠朝廷之美。」當年九月，真宗優詔賜放粟帛、緡錢。〔註103〕這種道義相扶的方式，顯然與兩人之間的深厚友誼不無關係，而締結友誼的紐帶，更多應該緣於禹偁對鍾放隱逸情結的認可與傾心。

歸隱與仕宦實則是兩種不同的人生路向，其各自的精神旨趣亦有顯著差別，《論語‧季氏》即曰：「隱居以求其志，行義以達其道。」是知「隱居」偏重於個體意識的解放，自我心靈的固守，而「行義」則立足於道德教化的弘揚，治國理民的躬行。儘管後者在中國傳統社會的長時段中，經常性地成為士人群體孜孜以求的目標，但現實政治顯然無法為每一位躋身其中的官僚，鋪就一條通達的坦途。而仕途順暢與否，勢必影響及於個人的行為取向，正如《論語‧述而》所說「用之則行，舍之則藏」。對此，《孟子‧公孫丑上》又有進一步闡發：「可以仕則仕，可以止則止，可以久則久，可以速則速。」就此而論，仕途的進退與否，長短差異，又與個體對於現實政治的身心感受密切相關。當王朝政治的大環境適合個人抱負與政治理想施展之時，士人選擇入仕往往成為一種必然；而一旦兩者無法契合，尤其是士人在宦海之中屢屢碰壁之際，產生退隱的念頭以尋求自我精神的獨立，又通常性地在其腦海中揮之不去。禹偁在面臨後一情形時，因個人素來崇尚道教，加之與隱逸之士來往頻繁，棄官歸田的想法屢屢見諸詩文。不過，後來的事實證明，其歸隱之心僅僅停留在願望層面，並未付諸實施。

三、自我之回歸：「修身與行道，多愧古時人」

如前所述，仕與隱、進與退、用與藏、出與處兩者的糾結，似乎伴隨王禹偁宦海生涯的始終，所謂「歸田未果決，懷祿尚盤桓」〔註104〕，但其卻從未邁出實質性的一步，個體生命也最終定格於咸平四年（1001）的知蘄州任

〔註102〕《王黃州小畜集》卷10《再授小諫偶書所懷》。
〔註103〕《王黃州小畜集》卷22《乞賜終南山人鍾放孝贈表》。
〔註104〕《王黃州小畜集》卷6《揚州池亭即事》。

上。因此，禹偁與其時絕大多數由科舉入仕者的人生選擇並無二致，畢生走過的依然是一條仕宦之旅，歸隱的意識也終究未能消釋淑世之情懷。禹偁之所以選擇前者，其原因在於儒家理想的堅定支撐，忠直性格的一貫驅使與維持身家的迫不得已。

首先是根深蒂固的儒學淑世理念的恒久支配。儒家學說提倡入世精神，將入仕而居官從政視為正途。《論語‧微子》即道：「不仕無義。長幼之節，不可廢也；君臣之義，如之何其廢之？欲潔其身，而亂大倫。君子之仕也，行其義也。」可知，「行義」是士人入仕責無旁貸的重任，又是維持「長幼之節」「君臣之義」的根本保障，所以「不仕」即為「無義」，試圖潔身自好，往往就會破壞正常的長幼、君臣間的倫理關係。對於士人與仕的關係，《孟子‧滕文公下》說得更為直白：「士之仕也，猶農夫之耕也。」仕是士人的職業定位，如同農夫以耕田為業，其社會責任首先則在於治國平天下，誠如《孟子‧公孫丑下》所說：「欲平治天下，當今之世，捨我其誰。」

長期深受儒家思想薰陶的王禹偁，極其清楚士人的責任，自覺將入仕視為人生的不二選擇，誠如其在《贈鍾放處士》詩中所說：「學優終不仕，孰為觀國賓。」對於士人「為學」與「道義」的關係，禹偁曾表達下述看法：「古君子之為學也，不在乎祿位而在乎道義而已。用之則從政而惠民，捨之則修身而垂教。死而後已，弗知其他。……讀堯、舜、周、孔之書，師軻、雄、韓柳之作，故其修身也譽聞於鄉里，其從政也惠布於郡縣。」〔註105〕正因如此，即便「人情易逐炎涼改，官路難防陷阱多」〔註106〕，仕途之中屢遭貶黜，禹偁仍然堅守「何當升大用，吾道始輝光」〔註107〕的執著信念。至道元年（995）五月，貶官滁州時，其詩云：「不稱禁中批紫詔，猶教淮上擁朱輪。時清郡小應多暇，感激君恩養病身。」〔註108〕同年七月的詩中又道：「強仕未為老，望郎不為卑。」〔註109〕「白頭郎吏合歸耕，猶戀君恩典郡城。」〔註110〕次年，禹偁上表稱：「上惟奉主，旁不忌人。比因直言，頻至左官。去年自禁中出職，滁上臨民。黽勉在公，憂虞度歲。鬢髮漸白，眼目已昏。但以行年未高，不敢

〔註105〕《王黃州小畜集》卷19《送譚堯叟序》。
〔註106〕《王黃州小畜外集》卷7《次韻和仲咸感懷貽道友二首》。
〔註107〕《王黃州小畜集》卷7《寄主客安員外十韻》。
〔註108〕《王黃州小畜集》卷10《詔知滁州軍州事因題》（之一）。
〔註109〕《王黃州小畜集》卷5《北樓感事》。
〔註110〕《王黃州小畜集》卷10《詩酒》。

求退。明代難遇，猶思報恩。」〔註111〕其拋開個人得失，以衰病之軀而勤於地方政事的心跡昭然若揭，其原因則在於「明代難遇，猶思報恩」，即報效君王和國家，治平意識表現得分外突出。至道三年（997），其上表又提到：「始貶商於，實因執法。後出滁上，莫知罪名。大行皇帝漸察非幸，移領大郡。方且精求民瘼，少報皇恩。期牽復於詞臣，再發揮於王命。」〔註112〕寄望通過治理地方的政績，以報答皇恩，並表達重入內廷再任兩制之官的心願。由此不難看出，其干祿之心的虔敬。

其實，禹偁銳意仕途，有志於功名的理想，早在入仕之初所作《長洲遣興二首》中就有明確顯露：「妻兒莫笑甑中塵，只患功名不患貧。自覺有文行古道，可能無位泰生民。」在他看來，「唯有功名書信史，肯同塵土一時休」〔註113〕。不過，功名的獲取實則有賴於「道」「義」的踐行，君子之於二者的追求，雖百折而不回。禹偁對此有清醒認識：「夫士君子立身行道，是是而非非，造次顛沛不易其心。」〔註114〕縱令宦途坎坷，迭經波折，但曾經痛苦的仕宦經歷，終究無法阻礙其對「道」的崇尚與信仰，如其所稱：「窮達君雖了，沉淪我亦傷。何當升大用，吾道始輝光。」〔註115〕並且，個體生命的價值取決於「道」「德」水平的高下，以及由此而決定的德業的有無與多少，而不宜以人生的禍福，地位的尊卑，財富的多寡來衡量，所謂「人生一世間，否泰安可逃？姑問道何如，未必論卑高。自古富貴者，撩亂如藜蒿。德業苟無取，未死名已消」〔註116〕。禹偁對「道」「義」的執著信守也有精闢表述：「屈於身兮不屈其道，任百謫而無虧！吾當守正直兮佩仁義，期終身以行之。」〔註117〕由「百謫無虧」「終身以行」，足以反映出「道」「義」在其心目中至高無上的地位，這也更應視為其一生志向的高度濃縮。

其次是直躬行道不懈追求的長期鞭策。禹偁性格耿直，公正無私，不畏時忌，遇事敢言，向以直道自許，如其所稱：「某褊狷剛直，為眾所知，雖

〔註111〕《王黃州小畜集》卷22《揚州謝上表》。
〔註112〕《王黃州小畜集》卷22《謝轉刑部郎中表》。
〔註113〕《王黃州小畜集》卷9《太師中書令魏國公贈尚書令追封真定王趙（諱普）輓歌》。
〔註114〕《王黃州小畜集》卷18《答鄭褒書》。
〔註115〕《王黃州小畜集》卷7《寄主客安員外十韻》。
〔註116〕《王黃州小畜集》卷5《酬楊遂》。
〔註117〕《王黃州小畜集》卷1《三黜賦》。

強損之，未能盡去。」〔註118〕「出一言不愧於神明，議一事必歸於正直。」
〔註119〕對此，太宗有「賦性剛直，不能容物」〔註120〕的斷語；其同年進士
戚綸的蓋棺論定則是：「事上不回邪，居下不諂佞。見善若己有，疾惡過仇
讎。」〔註121〕蘇軾亦曾有「雄文直道，獨立當世」〔註122〕的評價。然而，
「直道逆君耳，斥逐投天涯」〔註123〕，其一生仕途多舛，屢遭貶謫，與此
不無關係。即如時人所言：「王元之一登翰林，三踐西掖，屢被譴逐，皆以
直道。」〔註124〕禹偁對此亦有反思：「又謂吾之去職，由高亢剛直者，夫剛
直之名，吾誠有之，蓋嫉惡過當，而賢不肖太分，亦天性然也。而又齒少氣
銳，勇於立事。」〔註125〕唯因如此，即便政治上鬱鬱不得志，他仍不改初
衷：「古君子之為學，不在乎祿位而在乎道義而已。用之則從政而惠民，捨
之則修身而垂教，死而後已，弗知其他。」〔註126〕「位非其人，誘之以利
而不往。事非合道，逼之以死而不隨。」〔註127〕又說：「兼磨斷佞劍，擬樹
直言旗。」〔註128〕上述諸多言論，無不顯示出禹偁躬行直道的堅定追求。

　　儘管宦途艱險，屢次因貶謫而遭受心靈的重創，禹偁忠直行道的理念卻
並未因此而動搖，對君王的忠心和社稷的擁戴一如既往，如其自道：「遷謫獨
熙熙，襟懷自坦夷。孤寒明主信，清直上天知。」〔註129〕雖然宦海沉浮多年
後，對仕途的體悟更加深刻，加之年歲漸長，「頭白眼昏，老態且具」，未免
「向之剛直，不抑而自衰矣」〔註130〕。而他依然堅持下述主張：「用直道以事

〔註118〕《王黃州小畜集》卷18《答晁禮丞書》。
〔註119〕《王黃州小畜集》卷22《黃州謝上表》。
〔註120〕《續資治通鑒長編》卷34，淳化四年八月，第752頁
〔註121〕《涑水記聞》卷3「王禹偁」，第45頁。
〔註122〕（宋）蘇軾：《蘇軾文集》卷21《王元之畫像贊并敍》，中華書局點校本1986
　　　　年版，第603頁。
〔註123〕《王黃州小畜集》卷6《橄欖》。
〔註124〕（宋）蘇頌：《蘇魏公文集》卷5《元祐癸酉秋九月，蒙恩補郡維陽。十一月
　　　　到治蒞事之始，首閱題名，前後帥守莫非一時豪傑，固所欽慕矣。然於其間
　　　　九公頗有夤緣，感舊思賢，嗟歎不足，因作長韻題於齋壁以寄所懷耳》，中
　　　　華書局點校本1988年版，第49頁。
〔註125〕《王黃州小畜集》卷18《答丁謂書》。
〔註126〕《王黃州小畜集》卷19《送譚堯叟序》。
〔註127〕《王黃州小畜集》卷21《滁州謝上表》。
〔註128〕《王黃州小畜集》卷8《謫居感事》。
〔註129〕《王黃州小畜集》卷8《謫居感事》。
〔註130〕《王黃州小畜集》卷18《答丁謂書》。

君，雖無改觀；肆風腸而疾惡，漸亦銷磨。」〔註131〕不過，傳統士大夫所普遍具有的工於心計、世故圓滑的稟性，卻終究與其無緣。之所以如此，他曾有自嘲似的解釋：「自念山野士，不解隨圓方。」〔註132〕

　　需要指出的是，禹偁矢志不渝終生躬行直道的動機和目的，究其實質是在根深蒂固的儒家理想的支配下，希望藉此實現輔弼君王治國安邦的宏願，而將個人的榮辱休戚置之度外，誠如其言：「直道雖已矣，壯心猶在哉。」〔註133〕應當說，這種選擇的正當性本身無可厚非，也符合趙宋王朝的根本利益。但在宋初開國未久，時忌頗多，尤其是以陰謀手段篡位的太宗在位期間，關於人、事的大量敏感話題又不容臣下議論的特殊形勢下，禹偁的一腔忠直難免觸犯人主的隱密，其結果可想而知。如禹偁參與修撰《太祖實錄》時，違背太宗希望《實錄》反映「太祖盡力周室」，「及登大寶，非有意」這種「事實」的願望，直書其事，因而「執政以禹偁為輕重其間，出知黃州」〔註134〕。有此一例，可知禹偁的「直道」明顯不容於當時整體的政治氛圍，其在仕途上接二連三遭受打擊，自屬意料之中。

　　最後是家計艱難和體弱多病的無奈選擇。禹偁在步入暮年的詩中曾道：「多病形容唯有骨，食貧生計旋無錢。」〔註135〕寫實性地再現了其時他所面臨的窘境，即身體的多病和生計艱辛。實際上，疾病與養家糊口的壓力，一直是長期困擾禹偁的兩大難題，久久揮之不去，而不僅僅體現在晚年。「一家衣食仰在我，縱得飽暖如狗偷。況我眼花頭漸白，安能隱幾勤校讎。」〔註136〕作為家中的頂樑柱，為維持家庭生計，加以滿足個人治病所需，禹偁入仕為官以獲取穩定的官俸也是勢所必然，誠如其言：「又四年之中，再為謫吏，頓挫摧辱，殆無生意。以私家衣食之累，未即引去。」〔註137〕

　　禹偁家境清貧，其詩即道：「汝家本寒賤，自昔無生計。菜茹各須甘，努力度凶歲。」〔註138〕步入仕途多年之後，亦無改觀，乃至使用紙帳：「風搖紙

〔註131〕《王黃州小畜集》卷25《謝除翰林學士啟》。
〔註132〕《王黃州小畜集》卷5《東門送郎吏行承寄旨侍郎》。
〔註133〕《王黃州小畜集》卷8《謫居》。
〔註134〕《東都事略》卷39《王禹偁傳》，第313頁。
〔註135〕《王黃州小畜集》卷11《伏日偶作》。
〔註136〕《王黃州小畜集》卷12《對雪示嘉祐》。
〔註137〕《王黃州小畜集》卷18《答張扶書》。
〔註138〕《王黃州小畜集》卷3《蔬食示舍弟禹圭並嘉祐》。

帳燈花碎，月照銅壺漏水清。」〔註139〕在商州期間，由於謫官無俸，無法維持一家老小的生活，故典園十畝，種菜自給：「廢畦添糞壤，胼手捽荒蕪。」〔註140〕「我攜二稚子，東園擷春蔬。可以奉晨羞，采采供貧廚。」〔註141〕又有詩云：「十畝春畦兩眼泉，置來應得弄潺湲。三年謫宦供廚菜，數月朝行賃宅錢。空愧先師輕學圃，未如平子便歸田。此身久畜耕山記，不敢拋官為左遷。」〔註142〕端拱二年（989）大旱，禹偁上疏中即有「臣朝行中家最貧，奉最薄」〔註143〕的話頭。淳化元年（990），在京城任職一年多之後，禹偁為其幼弟禹圭娶婦，禹偁事後回憶：「家弟少失母愛，敘婚甚晚。前年某忝職閣下，始能為娶一婦。」〔註144〕由此不難想見，其家庭經濟實力的薄弱。

然而，即便入朝為官，其官俸似乎僅僅限於滿足家庭生活開銷，再也無力在京城添置房產，因此只能長期賃宅以安頓家小。其在詩中嘗道：「萍流匏繫任行藏，惟指無何是我鄉。左宦只拋紅藥案，僦居猶住玉泉坊。」〔註145〕另有詩曰：「年年賃宅住閒坊。」〔註146〕晚年又稱：「老病形容日日衰，十年賃宅住京都。」〔註147〕京城高昂的生活成本，不菲的賃宅費用，單單依靠俸祿以維持家計自然入不敷出，捉襟見肘，乃至團聚親族都是一種奢望，諸如其詩所言：「分俸則桂玉不充，聚族則京師難住。」〔註148〕

對於家庭經濟情況的窘迫，禹偁在淳化四年（993）的上書中自述：「四海無立錐之地，一家有懸磬之憂。以至僕馬龍鍾，雜於工祝。弟兄分散，迫於飢寒。若非內受職名，賜之實俸。外求差使，以救食貧。則曷以養高堂垂白之親，備上國燃金之費。」〔註149〕為贍養年邁的父親，撫育幼小的子息，當年六月，禹偁希望移官東土，在與友人信中提到：「直以窮苦聞於帝閽，所望者我近鄉園，少得俸入，樂偏親、聚窮族而已。」〔註150〕其間也曾涉及家庭生

〔註139〕《王黃州小畜集》卷10《夜長》。
〔註140〕《王黃州小畜集》卷9《種菜子雨下》。
〔註141〕《王黃州小畜集》卷3《攜稚子東園刈菜，因書觸目，兼寄均州宋四閣長》。
〔註142〕《王黃州小畜集》卷9《偶置小園因題二首》（其一）。
〔註143〕《續資治通鑑長編》卷30，端拱二年十月壬申，第688頁。
〔註144〕《王黃州小畜集》卷18《與李宗諤書》。
〔註145〕《王黃州小畜外集》卷7《賃宅》。
〔註146〕《王黃州小畜集》卷10《書齋》。
〔註147〕《王黃州小畜集》卷11《賃宅》。
〔註148〕《王黃州小畜集》卷21《單州謝上表》。
〔註149〕《王黃州小畜集》卷21《陳情表》。
〔註150〕《王黃州小畜集》卷18《與李宗諤書》。

活狀況：「前時家弟自荆南乞丐以來，數日而去。臨岐聚泣，聞者淚下。況昆仲三院，妻女九人，亡者未祔葬，生者待婚嫁。散於彼者，糊口於人；繫於此者，絕俸於官。其為窮人，亦無伍也。」〔註151〕可見，禹偁以一己微薄之俸祿，自顧已是不暇，實在再無能力兼濟家弟與親族。故而就經濟水平而言，其家庭與窮人無異。稍後知滁州期間，對於家庭經濟的拮据，其在詩中又有反映：「費用量所入，豐約從所宜。一妻本糟糠，不識金翠施。三男無庶孽，詎愛紈綺資。甘貧絕誅求，易退無羈縻。」〔註152〕

王禹偁家境的貧窮，一度引起朝廷關注。淳化五年（994）三月，禹偁決獄曹州時，又奉敕就差知單州軍州事，太宗賜錢三百貫，以期改善其家庭生活困難的狀況。並且，禹偁一家老小生計難以為繼的情形，也曾令其相識相知同情不已，並伸出援手。早在貶謫商州之時，潘閬即自京城寄出白銀相贈。〔註153〕而在謫守黃州之初，鑒於禹偁家貧難以赴任，翰林學士畢士安慷慨解囊，饋贈白金三百兩，以資助其成行。〔註154〕

應當承認，來自朝廷的賞賜與友人的襄助，確實能在一定程度上緩解禹偁家庭開支方面的壓力，但這種一時之接濟畢竟有限，而不太可能成為長久的經濟來源，家庭生計的維持卻終歸需要穩定並且相對固定的收入作為基本支撐。就此來說，官俸對於確保禹偁家庭生活的正常運轉不可或缺，所謂「俸微猶助貧」〔註155〕。而獲取官俸的前提，又是入仕從政。唯有如此，養育家小的重任方能實現。這種來自現實生活的沉重壓力，是禹偁選擇入仕為官的又一重要原因，誠如詩中所言：「誰教為妻子，頭白走風塵。」〔註156〕寥寥數字，實則又蘊含無盡的辛酸與苦楚，窘迫與無奈。

再就是來自身體的衰病，也在相當程度上影響及於禹偁的仕隱抉擇。禹偁的身體狀況，自步入中年後即令人堪憂。淳化二年（991），時已38歲的他在西掖，始見白髮，其詩有云：「正向承明戀直廬，年來華髮已侵梳。」〔註157〕當

〔註151〕《王黃州小畜集》卷18《與李宗諤書》。
〔註152〕《王黃州小畜集》卷5《北樓感事》。
〔註153〕《王黃州小畜集》卷9《寄潘處士》。
〔註154〕（宋）畢仲游：《西臺集》卷16《丞相文簡公行狀》，文淵閣四庫全書本，第1122冊，臺灣商務印書館1986年版，第204頁。
〔註155〕《王黃州小畜集》卷9《五更睡》。
〔註156〕《王黃州小畜集》卷6《十月二十日作》。
〔註157〕《王黃州小畜集》卷7《閣下詠懷》。

年十月，貶至商州後，「始有白髭」〔註158〕，「玄髮半凋落」〔註159〕，衰老的跡象更加明顯，可謂「老病形容日日衰」〔註160〕。至道元年（995），其詩云：「病眼已甘書冊廢，愁腸猶取酒杯傾。」〔註161〕自注云：「眼病黑花，夜不看書數年矣。」眼疾的嚴重，已然困擾其數年之久，夜間閱讀的習慣竟然也因此而廢棄。在此之後，衰病的情形日甚一日。咸平元年（998），詩云：「廉使多情應問我，為言衰病似相如。」〔註162〕「病似相如多避事，拙於方朔少詼諧。」〔註163〕「誰解吟詩送行色，茂陵多病老相如。」〔註164〕其屢次以西漢武帝時因病免官的司馬相如作比，感歎衰老和病痛對其身體的折磨，詩人難以排解的憂傷溢於紙外。當年夏天和冬天，又分別有「經年病不休」〔註165〕和「多病形容唯有骨」〔註166〕的詩句，更是反映出詩人身染沉痾及病魔對於身體戕害造成的事實。咸平四年（1002）春，禹偁奉命移知蘄州。其時他已病入膏肓，故肩輿上道。四月到任，五月即辭世，年四十八。

應當注意的是，長年的病痛，不僅傷害了禹偁的身心，也使治療頑疾而產生的藥費支出，成為他本不寬裕家境的又一必須正視的難題。經年的醫療費用日復一日累加，家庭開銷的缺口因而逐年擴大，積累的藥債愈益增多。面對這筆沉重的負擔，在家庭缺乏其他穩定經濟收入來源的情況下，繼續仕宦生涯以領取俸祿，多少能紓緩藥費的緊張，減輕家庭經濟的重壓。關於兩者的關係，其詩曾道：「藥債漸多醫宿疾，宦情猶切戀明朝。」〔註167〕因此，禹偁的入仕為官又在一定程度上與支付醫治宿疾所需費用有關。

四、結語

自太平興國八年（983）進士及第踏入仕途，至咸平四年（1002）卒於蘄州任上，在 20 年的宦海沉浮中，由於仕途失意、道教薰染及隱逸嚮往等原因

〔註158〕《王黃州小畜集》卷8《謫居感事》。

〔註159〕《王黃州小畜集》卷3《七夕》。

〔註160〕《王黃州小畜集》卷11《貰宅》。

〔註161〕《王黃州小畜集》卷10《夜長》。

〔註162〕《王黃州小畜集》卷11《送第三人朱嚴先輩從事和州》。

〔註163〕《王黃州小畜集》卷11《寓直偶題》。

〔註164〕《王黃州小畜集》卷11《送河陽任長官》。

〔註165〕《王黃州小畜集》卷11《壽孫三日》。

〔註166〕《王黃州小畜集》卷11《伏日偶作》。

〔註167〕《王黃州小畜集》卷7《官舍書懷呈郡守》。

的左右，儘管王禹偁詩文多次顯露棄官歸隱的想法，但他卻終究未將之付諸事實；雖說屢遭貶謫，再三沉淪，而其人生之旅呈現的仍然是傳統官僚士大夫典型的仕宦軌跡。王禹偁這種仕隱抉擇去取的最終決斷，究其緣由，當在於儒家學說入世思想的信仰與主導，君王知遇之恩的感激與報答，內外交困嚴峻現實的思考與應對，以及躬行直道理念的追求與奉行。在此之外，維持一家生計，醫治身體疾病所需的費用和開銷，同樣有賴於官俸的穩定持久供給。因此，仕與隱的二難選擇，之於王禹偁而言，其實並無迴旋之餘地，歸隱以高潔其志、放逐心靈的舉動，在理想信念與客觀現實的雙重夾擊下，注定只能是一種虛無飄渺的人生設計，不太可能亦無可能轉化為真實的圖景。而個人剛直的秉性與其時特定的政治生態，又決定了其人抱負難施的必然結局。至於說這種選擇的對與錯，以及由選擇而造成的人生命運的幸與不幸，或許未必真正關乎仕、隱兩者的權衡取捨，畢竟在個人意志之外，來自社會與家庭的多種因素，對於人生軌跡的影響，通常性地遠遠超出現實個體的想像之外。就此而言，王禹偁仕宦人生的起起落落，看似曲折坎坷，其實又無比正常。不過，應當承認的是，其人在仕、隱抉擇上的度量與思考，在傳統社會的官僚群體中又具有相當的代表性，即便放在今天，也有值得深入挖掘的價值和比照借鑒的意義。

原刊於《決策與信息》2017 年第 3 期

《舊唐書》書名溯源〔註1〕

　　兩《唐書》中的《舊唐書》,「雖頗涉繁蕪,然事蹟明白,首尾該贍」〔註2〕,
因唐代宗之前數朝紀傳「多抄實錄、國史原文」〔註3〕,保留了眾多珍貴的
原始資料,實為研究有唐一代的重要史料來源之一。與《新唐書》相較,「論
書本身價值,《新》高於《舊》;用材料,寧捨《新》而取《舊》」〔註4〕。
不過,關於該書最初之名稱,史籍所載卻未盡一致,主要有「李氏書」(或
「前朝李氏書」)與「唐書」二說,迄今未有定論。有學者認為,該書撰成
之初的正式名稱為「李氏書」,而非「唐書」,其原因在於避後晉高祖石敬瑭
之諱,〔註5〕或係避諱〔註6〕與區別於唐人吳兢所撰《唐書》〔註7〕而致。
亦有學者認為,「前朝李氏書」或應視為行文之別稱,「唐書」當為其原名。
〔註8〕本文擬在前賢所論之基礎上,從《舊唐書》書名的史源入手,考辨《舊

〔註1〕 與業師葛金芳教授合撰。
〔註2〕 (清)顧炎武:《日知錄》卷26《舊唐書》,甘肅民族出版社點校本1997年
　　　　版,第1142頁。
〔註3〕 (清)趙翼撰,王樹民校證:《廿二史劄記校證》卷16「《舊唐書》前半全用
　　　　實錄國史舊本」,中華書局1984年版,第345頁。
〔註4〕 陳垣著,陳智超編:《中國史學名著評論》,商務印書館2014年版,第116頁。
〔註5〕 張孟倫:《關於宋代重修〈唐書〉的問題》,《蘭州大學學報》1984年第3期。
〔註6〕 謝保成:《隋唐五代史學》,廈門大學出版社1995年版,第316頁。
〔註7〕 謝保成:《〈舊唐書〉書名小考》,《古籍整理出版情況簡報》2005年第6期。
〔註8〕 武秀成:《舊唐書辯證》,上海古籍出版社2003年版,第7~9頁。卞孝萱:
　　　　《與〈舊唐書〉共存的一部力作——評〈舊唐書辯證〉》,《中國典籍與文化》
　　　　2004年第1期。郝潤華:《〈舊唐書〉整理研究的重要成果——讀〈舊唐書辯
　　　　證〉》,《古籍整理出版情況簡報》2004年第8期。

唐書》最初之命名有無避諱因素影響，其最早的正式名稱是否刻意迴避吳兢《唐書》之名，該書原名與中國史學正史命名之傳統的關係等問題。不妥之處，敬希通識之士裁正。

一

　　《舊唐書》起初的正式名稱之所以有「李氏書」（或「前朝李氏書」）的說法，主要緣於以下三處記載：①《五代會要・前代史》：「至開運二年六月，史館上新修前朝李氏書，紀、志、列傳共二百二十卷，並目錄一卷，都計二十帙。」〔註9〕②《冊府元龜・國史部・恩獎》：「開運二年，史館上新修前朝李氏書。」〔註10〕③《冊府元龜・國史部・採撰三》：「晉少帝開運二年，史館上新修李氏書，紀、志、列傳共二百一十三卷，並目錄一卷，都計二十帙。」〔註11〕因此，《舊唐書》原稱「新修前朝李氏書」或「新修李氏書」，「李氏書」（「或前朝李氏書」）係其簡稱。南宋學者高似孫所撰《史略》沿襲上述說法：「至開運二年，史館上新修前朝李氏紀、志、列傳共五〔二〕百二十卷。」〔註12〕似乎仍然認為《舊唐書》起初書名為「李氏書」。

　　關於《舊唐書》進御時的書名，《舊五代史》亦有兩處記載：①開運二年（945）六月，「監修國史劉昫、史官張昭遠等以新修《唐書》紀、志、列傳並目錄二百三卷上之，賜器帛有差」〔註13〕。②呂琦，「天福中，預修《唐書》」〔註14〕。根據記載①的內容來看，《舊唐書》起初的正式名稱即「唐書」，並無「李氏書」之名，記載②即其左證。

　　通過上述引徵，可知《五代會要》《冊府元龜》《舊五代史》在《舊唐書》正式奏進之時的名稱的確有所不同，而三者皆為關於五代史的重要史籍，在史料來源上又均曾利用五代實錄，其真實性難分軒輊。由於五代各朝並未編修國史，實錄的撰寫則前後相繼，其時之「國史」即指實錄而言。如《五代會

〔註9〕（宋）王溥：《五代會要》卷18《前代史》，上海古籍出版社點校本1978年版，第298頁。

〔註10〕（宋）王欽若等：《冊府元龜》卷554《國史部・恩獎》，中華書局影印本1960年版，第6661頁。

〔註11〕《冊府元龜》卷557《國史部・採撰三》，第6694頁。

〔註12〕（宋）高似孫：《史略》卷2《劉昫〈唐書〉》，南宋寶慶刊本。

〔註13〕（宋）薛居正等：《舊五代史》卷84《晉少帝紀四》，中華書局點校本1976年版，第1108頁。

〔註14〕《舊五代史》卷92《呂琦傳》，第1216頁。

要》即由王溥「檢尋舊史，條分件繫，類輯成編」〔註15〕，內中「舊史」實為五代各朝實錄。成書於大中祥符六年（1013）八月的《冊府元龜》，其材料「唯取《六經》子史，不錄小說雜書」〔註16〕，其中關於五代史的大量記載，主要採自五代實錄和《五代史》（即《舊五代史》）。而《舊五代史》更是「多據累朝實錄及范質《五代通錄》為稿本」〔註17〕，因此能在開寶六年（973）四月至次年閏十月的短短一年半時間內便倉促成書。

還應看到的是，作為上述三者主要取材來源的五代實錄早已亡佚，今僅在《資治通鑒考異》等史籍中有片段遺文存世，其間迄今仍未發現關於《舊唐書》書名的相關文字。加以自清乾隆時期開館纂修《四庫全書》之時，《舊五代史》即已湮沒不彰，今本《舊五代史》係四庫館臣邵晉涵在參與編修《四庫全書》的過程中，主要從《永樂大典》中輯出《舊五代史》的相關條文編排、注釋而成。所以，儘管輯本《舊五代史》保存了原書的大部分內容，是今人研究五代史的重要史料來源之一，誠如四庫館臣所言：「至（薛）居正等奉詔撰述，本在宋初，其時秉筆之臣尚多，逮事五代，見聞較近，紀、傳皆首尾完具，可以徵信，故異同所在，較核事蹟，往往以此書為證。雖其文體平弱，不免敘次繁冗之病，而遺文瑣事，反藉以獲傳，實足為考古者參稽之助。」〔註18〕然而，輯本校錄遺文，也存在不少問題，其中最突出的是出於政治顧忌而進行的諱改，〔註19〕抄胥抄誤與館臣隨意改動者，也有數百處。〔註20〕上述種種情形，不可避免地會影響到後人對《舊五代史》史料價值的判斷，乃至將其視為二手材料，某些記載的真實性與可靠性亦因此而受到質疑，《舊唐書》起初之正式書名問題的記載，也極易被作如是觀。

但是，具體就《舊唐書》最初之正式名稱而言，由於《舊五代史》相關的文字記錄，與清廷政治顧忌並無關係，陳垣先生《舊五代史輯本發覆》所列「十忌」194 條中，就無一與「唐書」有關，「唐書」並不在諱改範疇之中，

〔註15〕（清）永瑢等：《四庫全書總目》卷 81《史部・政書類一》，中華書局影印本 1965 年版，第 694 頁。

〔註16〕（宋）晁公武撰，孫猛校證：《郡齋讀書志校證》卷 14《類書類》，上海古籍出版社 1990 年版，第 662 頁。

〔註17〕《四庫全書總目》卷 46《史部・正史類二》，第 411 頁。

〔註18〕《四庫全書總目》卷 46《史部・正史類二》，第 411 頁。

〔註19〕陳垣：《〈舊五代史〉輯本發覆》之「序」，勵耘書屋 1937 年版，載《勵耘書屋叢刻》，北京師範大學出版社 1982 年版，第 1497 頁。

〔註20〕陳尚君：《〈永樂大典〉殘卷校〈舊五代史箚記〉》，《書品》1994 年第 3 期。

輯佚者也沒有理由對此加以竄改，故輯本《舊五代史》關於「唐書」書名的記載，當與原本之記載一致，其原始性與客觀性不宜受到質疑。

同樣，見於《五代會要》《冊府元龜》中的「李氏書」之命名，其記載亦當本於實錄，真實性與可靠性亦未可輕易懷疑。那麼，又該如何理解「李氏書」的提法呢？對此，筆者認同「李氏書」係行文之別稱的觀點，畢竟正史當中，以此種方式確定書名的僅此一見。如果「李氏書」係《舊唐書》最初正式名稱的話，照此推理，則前代正史中的斷代史史書必定有以此種方式命名者，即由王朝統治者之姓氏與書結合而成史書之名稱。不過，相關文獻中尚未發現類似記述，上述論斷缺乏足夠支撐。

實際上，前代正史的命名自有一定之規，以唐初詔修六代史為例，唐高祖武德五年（622）十二月，詔令編修魏史、周史、隋史、梁史、齊史與陳史六種前代史書。〔註21〕儘管此次詔修無疾而終，卻是貞觀三年（629）「於中書置秘書內省，以修五代史」的前奏，太宗下令：「（令狐）德棻與秘書郎岑文本修周史，中書舍人李百藥修齊史，著作郎姚思廉修梁、陳史，秘書郎魏徵修隋史。」〔註22〕上引兩段記載中的六種史書，撰成後對應的名稱分別是《魏書》《周書》《隋書》《梁書》《（南、北）齊書》與《陳書》，可見當時纂修正史之初，其名稱係以朝代名與書的組合為構成方式。而貞觀二十年（646）閏二月，因兩晉南北朝時期所修晉史，「雖存記注，而才非良史，事虧實錄」，故太宗詔令「修國史所更撰《晉書》，詮次舊聞，裁成義類」〔註23〕，更是將官修晉史直稱為「晉書」。由此來看，至少在唐初纂修正史之前，並非以「某氏書」為正史之名，反倒是以朝代名與史或朝代名與書的兩種組合為正史命名方式，而且朝代名與史的組合形式至少在五代時期仍有延續（詳下文）。因此，「李氏書」是進書時正式名稱的提法，未必妥當，其更應被視為奏進時不太正規的書名，而不大可能是起初的正式名稱。

二

《舊唐書》成書於後晉開運二年（945），起初之所以不稱《唐書》，據說

〔註21〕（宋）宋敏求：《唐大詔令集》卷81《經史‧命蕭瑀等修六代史詔》，商務印書館排印本1959年版，第467頁。

〔註22〕（後晉）劉昫等：《舊唐書》卷73《令狐德棻傳》，中華書局點校本1975年版，第2598頁。

〔註23〕《唐大詔令集》卷81《經史‧修晉書詔》，第467頁。

與避諱有關。原因在於，「唐」與後晉高祖石晉瑭名諱中的「瑭」同音，設若其時嫌名亦須避諱，則「唐」當在諱字之列，「唐書」「唐史」等中「唐」的字照理應該迴避，是故《舊唐書》撰成之初就不宜以《唐書》為名，而應以其他名稱出現。那麼，這種說法有無根據？通過翻檢相關文獻的記載，今人不難獲知後晉時期「唐」字避諱的實際情形。

誠如陳垣先生所言，五代承唐之後，諱例仍嚴……歷唐、晉、漢，皆出異族，諱法稍寬，至周而又密。〔註24〕具體就後晉時期而言，則已突破「嫌名不諱」的舊制，高祖石敬瑭名諱均在避諱之列。如為避「敬」字，竟陵縣改景陵；為避「瑭」字，改唐姓為陶，改錢唐縣為錢江縣，改行唐縣為永昌縣，改福唐縣為南臺縣，改中書政事堂為中書政事廳。據以上數例可知，與「瑭」同音的「唐」在使用時確曾出現改字的情形。

然而，值得注意的是，後晉時期並非逢「唐」必改，諸如前朝朝代名，則無需因避諱而改字。現存文獻所見其時的詔令與奏文，「唐」字屢有所見，「唐史」的提法為數亦有不少。如《五代會要》共計出現「唐史」4處，且集中於該書《前代史》，即有下述3條：①天福六年（941）二月敕：「宜令戶部侍郎張昭……等修撰《唐史》，仍令宰臣趙瑩監修。」〔註25〕②天福六年（941）四月，監修國史趙瑩上奏曰：「奉敕同撰《唐史》起居郎賈緯丁憂，請以刑部侍郎呂琦、侍御史尹拙同修。」從之。尋改呂琦為戶部侍郎、尹拙為戶部員外郎，令與張昭等修《唐史》。〔註26〕③天福六年（941）四月，監修國史趙瑩又奏稱：「臣與張昭等所撰《唐史》，祇敘本紀以綱帝業，列傳以述功臣，十志以書刑政。」〔註27〕上述文獻中的「唐史」，皆指《舊唐書》，而其時該書尚在計劃編纂或纂修過程中，並未成書。

《冊府元龜》中所見「唐史」之記載計有6處：①《國史部‧選任》載：天福六年（941）二月敕書提到，「宜令戶部侍郎張昭、起居郎賈緯、秘書少監趙熙、吏部侍郎鄭受益、左司員外郎李為光等修撰《唐史》，仍令宰臣趙瑩監修」〔註28〕。②《國史部‧恩獎》載：「趙熙為兵部郎中，天福六年，與吏部

〔註24〕陳垣：《史諱舉例》，中華書局1962年版，第121～122頁。
〔註25〕《五代會要》卷18《前代史》，第294頁。
〔註26〕《五代會要》卷18《前代史》，第294～295頁。
〔註27〕《五代會要》卷18《前代史》，第296頁。
〔註28〕《冊府元龜》卷554《國史部‧選任》，第6653頁。

侍郎張昭受詔修《唐史》，開運中，竟畢其功。」〔註29〕③《國史部・採撰三》載：晉高祖天福六年（941）二月己亥，詔曰：「宜令張昭等修撰《唐史》，仍令宰臣趙瑩監修。」〔註30〕④《國史部・採撰三》又載：天福六年四月，監修國史趙瑩奏：「臣與張昭等共議，所撰《唐史》，祇敘本紀以綱帝業，列傳以述功臣，十志以書刑政。」〔註31〕⑤《國史部・採撰三》又載：晉賈緯為起居郎、史館修撰，緯謂監修趙瑩曰：「《唐史》一百三十卷，止於代宗，已下十餘朝，未有正史。請與同職修之。」〔註32〕⑥《國史部・地理》又載：周張昭仕晉為戶部侍郎，與起居郎賈緯等撰《唐史地理志》四卷。〔註33〕以上記載中的①③條乃同一內容，而其間的「唐史」與②④⑥條之「唐史」，同為《舊唐書》尚未撰就時的指代。至於⑤中的「唐史」，指代的則是唐代史家所撰的紀傳體國史。

《舊五代史》涉及「唐史」之處也有一些，其意皆指《舊唐書》。茲不避繁冗，將此類記載具引如次：①天福六年（941）二月己亥，「詔戶部侍郎張昭遠、起居郎賈緯、秘書少監趙熙、吏部郎中趙受益、左司員外郎李為光等同修《唐史》，仍以宰臣趙瑩監修」〔註34〕。②天福六年（941）四月，宰臣監修國史趙瑩奏：「奉詔差張昭遠等五人同修《唐史》，內起居郎賈緯丁憂去官，請以刑部侍郎呂琦、侍御史尹拙同與編修。」又奏：「史館所闕唐朝實錄，請下敕購求。」並從之。〔註35〕③開運二年（945）九月庚子，「吏部侍郎張昭遠加階爵，酬修《唐史》之勞也」〔註36〕。④「天福中，承詔與張昭遠等修《唐史》，竟集其功。」〔註37〕⑤「明年春，敕修《唐史》，（賈）緯在籍中。」〔註38〕

並且，《舊五代史》亦多次注引《舊唐書》，這類記載往往將其徑稱為「唐史」，其內容又大多與《舊唐書》相對應。如①顯德六年（959）正月，臣僚

〔註29〕《冊府元龜》卷554《國史部・恩獎》，第6661頁。
〔註30〕《冊府元龜》卷557《國史部・採撰三》，第6694頁。
〔註31〕《冊府元龜》卷557《國史部・採撰三》，第6694頁。
〔註32〕《冊府元龜》卷557《國史部・採撰三》，第6693頁。
〔註33〕《冊府元龜》卷560《國史部・地理》，第6733～6734頁。
〔註34〕《舊五代史》卷79《晉高祖紀五》，第1045～1046頁。
〔註35〕《舊五代史》卷79《晉高祖紀五》，第1046頁。
〔註36〕《舊五代史》卷84《晉少帝紀四》，第1110頁。
〔註37〕《舊五代史》卷93《趙熙傳》，第1235頁。
〔註38〕《舊五代史》卷131《賈緯傳》，第1728頁。

奏疏中曰：「郊天地、宗廟、社稷、三朝大禮，合用十二管諸調，並載《唐史‧開元禮》，近代常行。」〔註39〕其間的《開元禮》在《舊唐書》卷二十一《禮儀志一》中有詳細記載。②「李班，字公度，隴西敦煌人。五世祖忠懿公憕，有大節，見《唐史》。」〔註40〕《舊唐書》卷一百八十七下《忠義傳下》有李憕傳。③「（司空）圖，《唐史》有傳。」〔註41〕《舊唐書》卷一百九十下《文苑傳下》有司空圖傳。不過，此類記載亦偶有疏失，如「（王權）曾祖起，官至左僕射、山南西道節度使，冊贈太尉，諡曰文懿，《唐史》有傳」〔註42〕。而《舊唐書》並無王起傳。

「唐史」一名在上述文獻中的大量出現，足以表明作為朝代意義上的「唐」無須避諱。相似的例子還有一些，如《五代會要‧前代史》載天福六年（941）四月，起居郎賈緯奏曰：

> 伏以唐高祖至代宗已有紀傳，德宗至文宗亦存實錄。武宗至濟陰廢帝凡六代，唯有《武宗實錄》一卷，餘皆闕略。臣今搜訪遺文及耆舊傳說，編成六十五卷，目為《唐朝補遺錄》，以備將來史官條述。〔註43〕

又如《冊府元龜‧國史部‧採撰三》載：

> 天福六年四月，（趙）瑩奏曰：「伏以唐室君臨，歷年長遠。……臣今據史館所闕《唐書》、實錄，請下敕購求。……自唐季亂離，簡編淪落，太史所奏，並不載於冊書。……唐初定官品令，三公三師為第一品……唐初守邊，則有都督、總管之號……唐初以迄開元，圖書大備，歷朝纂述，卷軸彌繁。……伏以有唐纘歷，累葉承平。文德武功，已紛綸於圖牒。記言載筆，尚闕漏於簡書……所懼史才短淺，識局荒唐，實慮庸虛，有孤宸委。」〔註44〕

又如《冊府元龜‧國史部‧選任》載天福六年（941）二月敕：

> 有唐遠自高祖，下暨明宗，紀傳未分，書志咸闕，今耳目相接，尚可詢求。若歲月更深，何由尋訪？宜令戶部侍郎張昭、起居郎賈

〔註39〕《舊五代史》卷145《樂志下》，第1941頁。
〔註40〕《舊五代史》卷24《李班傳》，第321頁。
〔註41〕《舊五代史》卷60《李敬義傳》，第807頁。
〔註42〕《舊五代史》卷92《王權傳》，第1222頁。
〔註43〕《五代會要》卷18《前代史》，第298頁。
〔註44〕《冊府元龜》卷557《國史部‧採撰三》，第6694～6696頁。

緯、秘書少監趙熙、吏部待〔侍〕郎鄭受益、左司員外郎李為光等

修撰唐史，仍令宰臣趙瑩監修。〔註45〕

上引三段材料，包括一道敕令，兩則臣僚奏議，其中「唐」字總計出現

12 次，依次為「唐高祖」「唐朝」；「唐室」「唐書」「唐季」「唐初」「唐初」「唐

初」「有唐」「荒唐」「有唐」「唐史」等。除「荒唐」外，「唐」字均作「唐代」

或「唐朝」解。由此可見，其時的詔令和奏議中，不僅作為朝代的「唐」，無

須改字，而且慣用語中的「荒唐」，也未因避諱而改「唐」字。

此外，尚可注意者，臣僚議論、上對之中也有不避「唐」字的實例，誠如

史載：

晉賈緯為起居郎、史館修撰，緯謂監修趙瑩曰：「《唐史》一百

三十卷，止於代宗，以下十餘朝未有正史。請與同職修之。」瑩異

其言，具奏。晉祖然之，謂李崧曰：「賈緯欲修《唐史》，何如？」

對曰：「臣每見史官輩言，唐朝近百年來無實錄。既無根本，安能編

紀。」〔註46〕

由此可見，作為朝代名的「唐」字，後晉時期廣泛見之於詔令、奏議和君臣對

話之間，而且，其時君臣言論但凡涉及朝代意義上的「唐」，並不在迴避之列。

《唐書》書名中的「唐」，其義也是「唐代」或「唐朝」。藉此而論，在確定

《舊唐書》的正式書名時，應該不存在避諱因素的影響。換言之，《舊唐書》

命名的避諱說，恐怕未足為據。至少在傳承至今的文獻中，尚未發現確切的

證據，能夠證實因避諱而改易朝代意義上「唐」字的實例。因此，《舊唐書》

的定名，最初不太可能受到避諱習俗的干擾。至於趙瑩所稱「李朝喪亂，迨

五十年」〔註47〕中以「李朝」指代唐朝，或許緣於時人的習慣性表述，當與

避諱關係不大。

仍然需要進一步予以探究的是，前述《五代會要》《冊府元龜》進奏時使

用「前朝李氏書」或「李氏書」的稱呼，而《舊五代史》則以「唐書」為書名，

如果說其間確實存在別稱與正稱區別的話，接下來的問題是，導致這種區別

的原因何在？勿庸諱言，兩者的不同在一定程度上反映出《舊唐書》進奏時，

曾經面臨史書命名與避諱的困擾。畢竟朝堂之上，君臣對話之際，史臣不能

〔註45〕《冊府元龜》卷 554《國史部·選任》，第 6653 頁。

〔註46〕《冊府元龜》卷 557《國史部·採撰三》，第 6693 頁。

〔註47〕《五代會要》卷 18《前代史》，第 295 頁。

不顧及先君之名諱,以「李氏書」作為指稱,自然屬於合乎時宜的妥當之舉。至於正式命名之時,遵從的則是《禮記·曲禮上》所說「詩書不諱,臨文不諱」的成法。因此,「李氏書」僅僅是奏進時出於避諱因素而使用的別稱,而在確定正式名稱時,避諱因素已被排除,「唐書」理所當然成為不二選擇。

三

其實,有唐一代,曾有史家撰述以《唐書》為書名的紀傳體「國史」。《新唐書·藝文志二》載:《唐書》一百卷,又一百三十卷,吳兢、韋述、柳芳、令狐峘、于修烈等撰。《崇文總目》對唐代《唐書》的編修情況有較為清晰的梳理:

> (《唐書》一百三十卷)唐韋述撰。初,吳兢撰《唐史》,自創
> 業訖於開元,凡一百一十卷。述因兢舊本,更加筆削,刊去《酷吏
> 傳》,為紀、志、列傳一百一十二卷。至德、乾元以後,史官于休烈
> 又增《肅宗紀》二卷,而史官令狐峘等復於紀、志、傳後隨篇增輯,
> 而不知卷帙。今書一百三十卷,其十六卷未詳撰人名氏。〔註48〕

簡單來說,吳兢之初撰,因「事多紕繆,不逮於壯年」〔註49〕,後經韋述、柳芳、于休烈、令狐峘等相繼增補,終成一百三十卷。

既然唐代曾有史家撰述《唐書》,《舊唐書》命名之初,後晉史臣是否有意避免與其同名而改稱他名以示區別呢?解答此一問題,似有必要考察正史在史部目錄的著錄情況和正史命名傳統的延續軌跡。

先看史部目錄收錄此前斷代史著的有關記載。《隋書·經籍志》所載以「後漢書」為書名者6家,稱「晉書」者6家,「宋書」者3家、「齊書」者1家與「梁書」者1家。〔註50〕據此可知,即便有數家一代之史,其書名也不必相異,書名的重複雷同實屬正常。而為了區別一代之史中的數家,史臣著錄多家斷代之史時,往往採取以小注卷帙和作者的方式標識其差異。以《隋志》中的《晉書》為例,其著錄6家分別為:《晉書》八十六卷,晉著作郎王隱撰;《晉書》二十六卷,晉散騎常侍虞預撰;《晉書》十卷,晉中書郎朱鳳撰;《晉

〔註48〕 (元)馬端臨:《文獻通考》卷192《經籍考一九》引《崇文總目》,中華書局影印本1986年版,考一六二七。

〔註49〕 《舊唐書》卷102《吳兢傳》,第3182頁。

〔註50〕 (唐)魏徵等:《隋書》卷33《經籍志》,中華書局點校本1973年版,第954~956頁。

書》三十六卷，宋臨川內史謝靈運撰；《晉書》一百一十卷，齊徐州主簿臧榮緒撰；《晉書》十一卷，蕭子雲撰。正因著錄文字中明確標明了卷帙與作者之不同，所以儘管一代之史有數家書名完全相同，卻並不影響世人對其的識別以及各自的流傳。

這種方式又為其後的《舊唐書·經籍志》和《新唐書·藝文志》繼承。如前者著錄諸家《晉書》分別為：《晉書》八十九卷，王隱撰；又五十八卷，虞預撰；又十四卷，朱鳳撰；又三十五卷，謝靈運撰。《晉書》一百一十卷，臧榮緒撰；又九卷，蕭子雲撰；又一百三十卷，許敬宗等撰。〔註51〕後者的著錄是：王隱《晉書》八十九卷，虞預《晉書》五十八卷，朱鳳《晉書》十四卷，謝靈運《晉書》三十五卷，臧榮緒《晉書》一百一十卷，干寶《晉書》二十二卷，蕭子雲《晉書》九卷；《晉書》一百三十卷，房玄齡等修。〔註52〕雖說《新唐書·藝文志》的著錄方式與此前的經籍志小有差異，但仍然以書名、卷數與作者為揭示收錄書籍的主要內容，僅僅在順序上有所調整而已，實質並無不同。

尤其值得關注的是，從《隋志》到《舊唐書·經籍志》，再到《新唐書·藝文志》，關於一代之史著錄方式的延續，毫無疑問保留的就是現實中史著名稱的客觀情形。換言之，一代之史的命名並不會因為存在多家著述，作者為避免與業已存在的一部斷代史同名發生混淆起見，而刻意另取新名以為區別；與此明顯不同的是，流傳至今的史部目錄，向今人透露的信息恰好是，更多的作者似乎寧願選擇以朝代名與書組合的方式命名自身著述。介於唐宋之際的五代時期，正史中斷代史命名的方式，當與此前《隋書·經籍志》顯示的傳統、此後《新唐書·藝文志》反映出的對傳統的繼承保持一致，而不應在此軌轍之外，正史命名的慣例畢竟難以輕易被突破。

再看正史命名傳統對《唐書》命名的潛在影響。正史的命名，實際上早已相沿成例。在所謂的「二十四史」中，除《史記》與《三國志》之外，有13部稱「書」，9部稱「史」。「書」「史」名稱之所以不同，主要是因為：每部取法《史記》的史書，其名稱都以「史」字收尾，而以《漢書》為典範的史書則以「書」字結尾。由於《史記》涵括數朝，《漢書》僅及一朝，故後世因襲《史》

〔註51〕《舊唐書》卷46《經籍志上》，第1989頁。

〔註52〕（宋）歐陽修、宋祁：《新唐書》卷58《藝文志二》，中華書局點校本1975年版，第1455～1456頁。

《漢》前例的史書遂依照本身論述之範圍，分別以「史」或「書」為名。這一說法適用於宋朝前所有的正史。〔註53〕

　　一般來說，源於長期經驗累積而形成的正史命傳統，根植於深厚的歷史土壤中，並通常以巨大的慣性頑強地在現實中表現其存在，而往往不會突然中斷或者驟然消失。《唐書》的正式命名，也不可能不受到正史命名慣例的影響，因為一直到宋初，正史命名的原則仍然還有體現。如輯本《舊五代史》，原稱《五代史》，因內容綜記五代歷史，其書名遂取法《史記》以「史」為稱，但在史書內部體例的安排上，卻以「梁書」「唐書」「晉書」「漢書」「周書」五部分，分別記載五代各朝歷史，並將每一朝歷史作為一個單獨的斷代史，以「書」為名可謂正得其宜。所以說，儘管以上篇章標題與名稱相同的斷代史書名顯然有別，不能混為一談，但史書命名傳統的繼續卻是盡顯無遺。

　　而且，輯本《舊五代史》中「梁書」「唐書」「晉書」「漢書」與「周書」的區分，並非出自輯佚者之手，當是該書原貌的反映。其人物傳不乏關於各部分標引的文字，這些內容在今輯本中均可查找得到。如《舊五代史》卷八十八《史匡翰傳》：「父建瑭，事莊宗為先鋒將，敵人畏之，謂之『史先鋒』。累立戰功。《唐書》有傳。」同書卷五十五有《史建瑭傳》。又如《舊五代史》卷九十《趙在禮傳》：「唐莊宗遣明宗率師討之，會城下軍亂，在禮迎明宗入城。事具《唐書》。」此事又見於同書卷三十五《唐明宗紀一》。類似之例尚有數處，茲不一一列舉。但通過上述例證，不難獲知，宋初《（舊）五代史》的命名與其內部結構的處理，仍然受正史命名傳統的支配，這一方式至遲在北宋初年依然為史家所默認和奉行。

　　既然傳統直至宋初仍未打破，距離其時未遠的後晉時期，其史書命名方式，與宋初尚在流行的傳統當無不同。結合上文所述斷代史命名的通常性方法而論，《舊唐書》最初正式確定書名時，「唐書」應當是唯一選擇，而這也正是史書命名傳統得到沿襲的體現。至於其他稱呼，則明顯不符上述傳統所造就的格局，並無可能成為《舊唐書》的正式書名。

四

　　針對《舊唐書》起初的正式書名問題，以上分別從史源、避諱與史書命

〔註53〕楊聯陞：《二十四史名稱試解》，載氏著《東漢的豪族》，商務印書館2013年版，第101頁。

名傳統三方面展開了分析。儘管《五代會要》《冊府元龜》與輯本《舊五代史》所記《舊唐書》奏進時的名稱有異，但由於三者都曾取材於早已散佚的五代實錄，在《舊唐書》書名記載的客觀性方面，實在難分軒輊。然而，從前代纂修斷代史之際，以朝代名與史或朝代名與書組合的通常性處理方式來看，「李氏書」（或「前朝李氏書」）更應視為進奏時使用的一個不太正規的稱呼，其不太可能是《舊唐書》起初的正式書名。而且，通過具體考察後晉時期的避諱情況來看，「唐」確實在諱字之列，但並非逢「唐」必改，尤其是作為朝代意義上使用的「唐」，在史籍中多有所見，故而將避諱視作以「李氏書」為正式書名的理由亦難以令人信服。最後，從史書命名傳統沿襲的角度加以探討，不難發現，一直到宋初史學仍然處於這一進程當中，成書於五代時期的《舊唐書》自然應當遵循史書命名傳統的一般原則，以「唐書」作為其正式名稱。因此，從總體上來說，澄清《舊唐書》起初正式書名的問題，雖然看似不太起眼，卻實則攸關史書命名傳統在五代時期的延續與否，也是今人解讀此後《舊五代史》《新唐書》《新五代史》書名問題時仍須留意的內容之一，值得引起重視。

原刊於《歷史文獻研究》總第 39 輯，華東師範大學出版社 2017 年版

《晉開運用兵論》史實辨誤

　　全祖望《鮚埼亭集外編》卷三十七《晉開運用兵論》一篇，從表彰民族氣節，宣揚反清復明思想的角度出發，根據後唐、後晉間的諸多史實，認為「開運之禍，不關戰，而戰更有未可非者」，其根源「在於誤用人，而不在戰」。此語雖不無道理，但僅執其一端，未及其餘，故有欠全面，殆屬一家之言。不過，本文並非有意於後晉滅亡原因的探討，而是以史源的追尋與考辨為重心，旨在澄清全氏此篇引述史實的疏誤。通過翻檢相關記載，可知其間史實有誤者共計四處，以下逐條駁正之。

　　1.「王晏球有中山之捷」，「中山之捷」係「定州之捷」之誤

　　按，《太平寰宇記》卷六十二《河北道十一》「定州條」載：春秋為白狄之地，戰國時為中山國，後為魏所併……至（漢）景帝改為中山國，後漢因之，魏、晉不改。……（後）魏於此置安州，至道武末改為定州，以安定天下為名。迄宋初定州之名不廢。《宋史》卷八十六《地理志二》「中山府」條言，中山府，本定州，「政和三年（1113），升為府」。是知後晉時「定州」不以「中山」為稱，全氏所言乃沿用古稱，顯有不妥。

　　關於定州之役，史載頗詳。《舊五代史》卷三十九《唐明宗紀五》載，天成三年四月，「北面副招討使、宋州節度使王晏球以定州節度使王都反狀聞」；壬寅，王晏球改任北面行營招討使。五月，「王晏球上言，收奪得定州北西二關城，生擒將士五百人」；壬申，「王晏球奏，今月二十一日，大破定州賊軍及契丹於曲陽，斬獲數千人，王都與秃餒以數十騎復入於定州」。七月甲寅，「王晏球奏，六月二十二日進攻逆城，將士傷者三千人」；甲子，「王晏球奏，今月

十九日契丹七千騎來援定州，王師逆戰於唐河北，大破之」；己巳，「王晏球奏，此月二十一日，追契丹至易州，掩殺四十餘里，擒獲甚眾」。又同書卷四十《唐明宗紀六》載，天成四年二月乙巳，「王晏球奏，此月三日收復定州，獲王都首級，生擒契丹禿餒等二千餘人」。又《新五代史》卷六《唐明宗紀》載：「（天成四年）二月癸卯，王晏球克定州。辛酉，晏球獻馘俘。」據此而言，王晏球實乃取得「定州之捷」，而非「中山之捷」，以此役為「中山之捷」有誤，當為「定州之捷」。

2.「白從珂有七里烽之捷」，「白從珂」係「白文珂」之誤

按，《舊五代史》卷八十三《晉少帝紀三》載：「（開運元年九月壬辰），太原奏，刺史白文珂破契丹於七里烽，斬首千餘級，生擒將校七十餘人。」同書卷一百二十四有《白文珂傳》，係本傳。又《冊府元龜》卷七十六《帝王部‧禮大臣》載：「周太祖廣順三年三月，太子太師致仕白文珂辭還洛陽，賜襲衣、金帶、鞍馬、錦綵、銀器、肩輿，示優禮也。」同書卷八百九十九《總錄部‧致政》載：「白文珂，廣順末以前西京留守兼中書令，除太子太師致仕，進封韓國公。」又《新五代史》卷九《晉本紀》載：「代州刺史白文珂及契丹戰於七里烽，敗之。」以上記載均作「白文珂」，是知「白從珂」誤，當為「白文珂」。

3.「申度之奪橋」，「申度」係「中渡」之誤

按，《舊五代史》卷八十五《晉少帝紀五》載：「（開運三年十二月）己未，杜威奏，駐軍於中渡橋。」「己巳，邢州方太奏，此月六日，契丹與王師戰於中渡，王師不利，奉國都指揮使王清戰死。」同書卷五十二《張彥澤傳》載：「彥澤為先鋒，至中渡橋，已為虜所據，彥澤猶力戰爭奪，燒其半，虜小退卻，乃夾河而寨。」又《冊府元龜》卷四百二十五《將帥部‧死事二》載：「王清為奉國都虞候、溪州刺史。少帝開運二年，從杜重威非［出］徵，解陽城之圍，清苦戰為步校之最，加檢校司空。及從杜重威收瀛州，聞契丹大至，重威率諸軍沿滹水而將保常山。及至中渡橋，虜已屯於北岸，且扼歸路。」又《新五代史》卷九《晉出帝紀》載：開運三年十二月己未，「杜威軍於中渡」。又《資治通鑑》卷二百八十五「後晉少帝開運三年十二月」載，「己未，帝始聞大軍屯中度」。以上記載均不作「申度」，當作「中渡」，或亦可作「中度」

4.「觀於白團谷之圍」，「白團谷」係「白團圍村」之誤

按，《舊五代史》卷八十三《晉少帝紀三》載：開運二年三月癸亥，「大軍

至白團圍村下營」。《資治通鑒》卷二百八十四「齊王開運二年三月」載:「晉軍至白團圍村,埋鹿角為行寨。」此處「白團圍村」,《資治通鑒考異》曰:「《漢高祖實錄》作『白檀』,今從《晉少帝實錄》。」《新五代史》卷九《晉少帝紀》載,開運二年三月庚申,「杜威及契丹戰於陽城,敗之,追奔至於衛村,又敗之」。同書卷七十二《四夷附錄一》載:「契丹至古北,聞晉軍且至,即復引而南,及重威戰於陽城、衛村。」關於兩者之不同,《舊五代史考異》即云:《歐陽史》作衛村,《通鑒考異》引《漢高祖實錄》作白檀,《遼史》從《薛史》。是故可知,「白團谷」顯誤,當作「白團圍村」。

附原文:

晉開運用兵論

　　晉開運之挑敵也,世皆咎以不用桑維翰之言,卒亡其國。子全子曰:吾觀維翰之言,不過以謹守舊盟為苟安計,是亦庸人之見耳!

　　晉高祖之得國,固鬼神之所惡也,天釀其毒,生一出帝以嗣之。而景延廣在內,杜重威、李守貞、張彥澤三人在外,楊光遠、趙延壽皆昔日之亡唐者,今轉而亡晉,古今酬報之速,未有過於此者!若自繼其世者言之,則不幸而吾祖父有此玷於前,吾膺其統,使人得世世以兒皇帝畜之,屈身下氣,至於黃河如帶,泰山如礪,而弗敢易,以稱善繼善述,是亦必無之事。唐高祖之臣於突厥,雖未若晉之甚,要其可恥則一也。太宗赫然滅之,遂以幹父之蠱。使出帝有相如房、魏,有將如英、衛,俘德光而犁西樓之穴,彼維翰者,束之高閣可矣!是故開運之禍,在於誤用人,而不在戰。

　　德光之才,遠出阿保機之下,而是時中國之可乘,亦非若梁、唐雲擾之際。故唐明宗因王晏球中山之捷,遂連斬契丹之使者,而德光讋不敢動;述律后且以東丹之故,頻請和而不克。即當開運之初,景延廣以十萬橫磨劍挑之而遄之,二年不敢以一矢南向,則不可謂無畏晉之心也。迨楊光遠招之,始決計入寇。而竇儀一言,李守貞即大敗之於馬家渡,遂與光遠隔絕。德光決戰戚城,又敗,坐視光遠之亡不能救也。其先後告捷者:劉知遠有秀容之捷、朔州之捷;馬全節有北平之捷、定豐之捷;白從暉有衡水之捷;梁進有德州之捷;白從珂有七里烽之捷;孫方諫有狼山之捷;薛可言有齊州之捷;張彥澤有定州之捷、泰州之捷。誰謂晉師之難用者?至於陽

城之役，幾獲德光；而彥澤狼心未變之時，亦盛言契丹可破之狀；
申度之奪橋也，德光遽欲引軍北還，蓋其軍律亦易與耳！故觀於白
團谷之圍，軍士憤怒，大呼請戰，則晉軍不可謂不勇；觀於申度之
降，哭聲震野，則晉軍不可謂不忠。當是時，何必百勝之將？但如
高行周、符彥卿之徒已足支吾。而必用重威輩者，天使之也！蓋當
出帝之時，其勢不可以不戰。以高祖之鷙悍，猶且悉索奔命，稍有
不遂，即遭誚讓。斯其局，不可支。使出帝謹守成轍，雖竭中原之
力，有所不足，終亦必亡而已。

　　至若維翰欲奪延廣之位，而陰使人說帝，以制契丹而安天下非
維翰不可，則固屬欺其君之言。夫維翰有何術以制契丹？當時之制
契丹，惟有戰耳！如維翰意，不過臣妾以奉之耳！史誇維翰再相，
一制指麾，十五節使無敢違者。然首用重威為都招討使，即是役也。
迨其後委鎮，擅自入朝，維翰始疑而欲廢之，則已晚矣！善乎！張
魏公之言曰：維翰始終主和，不過偷安固位而已。歐陽公謂：即令
重威等不叛，晉亦未必不亡。此蓋以高祖之創業，本無國脈，又重
之以出帝之童昏，不亡不止，此探本之言也。明乎此，益可以見開
運之禍，不關戰，而戰更有未可非者。是又尚論者所當知也。

高氏荊南藝文輯考〔註1〕

　　高氏荊南受限於地域狹小、境內文士相較不多的緣故，形成文字著述的總體數量在五代時期的南方九國中也相對偏少。並且，相關內容零星分布於各類記載，後人難以窺其全豹。今有學者在結合清人顧櫰三《補五代藝文志》、宋祖駿《補五代史藝文志》和汪振民《補南唐藝文志》等關於五代藝文志著作的基礎上，撰成《五代藝文考》，其間對高氏荊南藝文的情況略有涉及。〔註2〕另有學人專門探討孫光憲的著述，〔註3〕亦有研究者從文學作品、歷史著作、其他著作、金石錄等方面分別加以考察。〔註4〕上述成果對於揭示高氏荊南藝文的全貌，顯然大有裨益，但其間卻又不免偶有疏失，亟待校訂補充。職此之故，本文擬在綜合此前研究成果的基礎上，以經部、史部、子部、集部和金石五類為範圍，對散見雜出的各類著述進行輯考，以便能進一步客觀呈現高氏荊南藝文的總體情形。

一、經部藝文考

（一）春秋類

1. 《駁正杜預〈左傳注〉》，卷數不詳，王貞範撰〔註5〕

　　《北夢瑣言》卷一《駁杜預》云：「葆光子同僚王貞範，精於《春秋》，有

〔註1〕與 2016 級歷史文獻學碩士研究生嚴春曉同學合撰

〔註2〕張興武：《五代藝文考》，巴蜀書社 2003 年版，第 397～398 頁。

〔註3〕房銳：《孫光憲與〈北夢瑣言〉研究》，中華書局 2006 年版，第 48～91 頁。

〔註4〕張躍飛：《五代荊南政權研究》，北京師範大學博士論文，2010 年，第 174～190 頁、第 231～232 頁。

〔註5〕《五代荊南政權研究》附錄三「荊南藝文志」，第 231 頁。

駁正元凱之謬，條緒甚多，人咸訝之，獨鄙夫嘗以陳、陸、啖、趙之論竊然之。非苟合也。」《十國春秋》卷一百三《荊南四‧王貞範傳》載：「素精於《春秋》，有《駁正杜預〈左傳注〉》數百條，人多訝之。獨與同官孫光憲說《春秋》義合，兩人心相得也。」但此間的「數百條」內容是否成書，難以斷定，加之上述記載似為僅見，再無其他材料可資佐證，故而以《駁正杜預〈左傳注〉》為書名，或稍嫌牽強，今姑且附識於此。

不過，藉此倒是能稍稍瞭解荊南文士對於經學研究的相關情形。由上述兩段記載大致可知，王貞範研治《春秋》，明顯受到唐代《春秋》學派陳岳、陸淳、啖助、趙匡諸人的影響，沿襲了捨經求傳的路數，與杜預所強調的經傳合一的取向存在顯著差異。而王貞範秉持的這種風格恰好與孫光憲的治學意趣相合，因此孫光憲「竊然之」。

2.《左傳杜注駁正》，一卷，倪從進撰

此據清人顧櫰三的《補五代史藝文志》而列，原作「《左傳杜注駁正》一卷，倪從進撰（宋《志》同）」。今有學者對此有所考訂，[註6]但其所引述《北夢瑣言》卷一《駁杜預》條（詳細內容見上文），似與此並無直接關係，無法說明倪從進撰有《左傳杜注駁正》。更應注意的是，此書未見著錄於《宋史‧藝文志》，《補五代史藝文志》所述明顯有誤，不足取信。並且，《十國春秋》卷一百三《荊南四‧倪從進傳》載：「倪從進，武信王之子婿也。父可福，為武信王大將。從進以蔭得官，復娶王女，其貴寵，一時皆豔慕之。功臣子與王家為婚姻，可知者王保義子惠范及可福子從進，凡二人云。」其中並未言及倪從進撰有《左傳杜注駁正》。此外，其他各種官私書目也無關於此書的記載。綜合來看，《補五代史藝文志》此載或許有誤，書名或撰者都不確，難以考訂。當然，極有可能的是，此書與上書實際是同一本書，撰者並非倪從進，而是王貞範。在無其他證據的情況下，目前僅能做此推測，有俟將來再考。

二、史部藝文考

（一）編年類

1.《續通曆》，十卷，孫光憲撰

此書今本《崇文總目》未見著錄，[註7]但屢屢見之於南宋以來各種官

〔註6〕《五代藝文考》，第21頁。

〔註7〕至於其間的原因，劉節先生認為：「《崇文總目》所著錄者只有十卷，正因為

私目錄。《秘書省續編到四庫闕書目》卷一《編年》曰:「孫光憲撰《續通曆》十卷。」《宋紹興秘書省續編到四庫闕書目》云:「孫光憲撰《續通曆》十卷。」《遂初堂書目·編年類》著錄有《續通曆》。《郡齋讀書志》(衢本)卷五《編年類》載:「輯唐泊五代事,以續馬總《曆》,參以黃巢、李茂貞、劉守光、阿保機、吳、唐、閩、廣、湖、越、兩蜀事蹟。太祖朝詔毀其書,以所紀多非實也。」《直齋書錄解題》卷四《編年類》雖未著錄,但在「《通曆》十五卷」條下稱:「晁公武《志》《續通曆》十卷,孫光憲撰。太祖朝詔毀其書。」《玉海》卷四十七《藝文·編年》「《唐通曆》」條載:「孫光憲續十卷,輯唐泊五代事以續馬總《曆》,參以黃巢、李茂貞、劉守光、阿保機、吳、唐、閩、吳越、兩蜀事蹟。太祖朝詔毀其書,以其所紀多非實也。」《文獻通考》卷一百九十三《經籍考二十》著錄「《續通曆》十卷」,並稱:「晁氏曰:荊南孫光憲撰輯唐泊五代事,以續為〔馬〕總《曆》,參以黃巢、李茂貞、劉守光、阿保機、吳、唐、閩、廣、胡〔湖〕、越、兩蜀事蹟。太祖詔毀其書,以所紀多非實也。」《宋史》卷二百三《藝文志二·史類·編年》著錄「孫光憲《續通曆》十卷」。《宋史》卷四百八十三《世家六·荊南高氏》云:「又撰《續通曆》,紀事頗失實,太平興國初,詔毀之。」《國史經籍志》卷三《史類·編年》著錄「《續通曆》十卷孫光憲」。《蜀中廣記》卷九十二《著作記第二·史部》著錄「《續通曆》十卷」,又云:「陵州孫光憲輯唐泊五代事蹟,續為〔馬〕《曆》,參以黃巢、李茂貞、劉守光、安巴堅(即阿保機)、吳、唐、閩、廣、胡〔吳〕越、兩蜀事蹟。宋太祖詔毀其書,以所紀多失實也。」《四庫全書總目》卷一百四十《子部·小說家類一》「《北夢瑣言》二十卷」條稱孫光憲所著有《續通曆》等書,又引述《郡齋讀書志》云:「(孫)光憲《續通曆》十卷,輯唐及五代事以續馬總之書,參以黃巢、李茂貞、劉守光、按巴堅(案,阿巴堅原作阿保機,今改正)、吳、南唐、閩、廣、吳越、兩蜀事蹟。太祖以所記多不實,詔毀其書。」《四庫全書總目》附錄《四庫未收書目提要》「《通紀》七卷續五卷提要」云:「後荊南孫光憲者,復輯全唐泊五代事蹟十卷,以續總所紀,率多未寔。」

詔毀孫光憲《續通曆》,官庫自不著錄。」(《中國史學史稿》,中州書畫社1982年版,第149頁)。此為一說,但鑒於《崇文總目》原本久已失傳,今通行本係清人錢東垣等從《歐陽文忠公集》《玉海》《文獻通考》中輯出的5卷本,故而此條亦有可能在亡佚之列,不見於今本。

　　結合上述內容來看，該書係續唐人馬總《通曆》之作。孫光憲在高氏荊南幕府任職期間，即有意撰著史書。《五代詩話》卷七《荊南‧孫光憲》載：

　　　　光憲每患兵戈之際書籍不備，遇發使諸道，未嘗不厚與金帛購
　　　　求焉。於是三年間，收書及數萬卷。然自負文學，常怏怏不得志，
　　　　又慕史氏之作，自恨諸侯幕府，不足展其才力，每謂交親曰：安知
　　　　獲麟之筆，反為倚馬之用。因吟劉禹錫詩曰：「一生不得文章力，百
　　　　口空為飽暖家。」

　　關於該書的記事時間，《玉海》卷四十七《藝文‧編年》稱「起唐高祖止王審知」，上引《四庫未收書目提要》亦曰「唐高祖起，閩王審知止」，大約從唐高祖武德元年（618）至後唐莊宗同光三年（925），記事的前後時間延亙三百餘年。不過，此書因「詔毀」的緣故，久已散佚。

　　至於何時被查禁，現存史籍有兩種不同說法：其一是「太祖朝」，上引《郡齋讀書志》（衢本）卷五《編年類》、《直齋書錄解題》卷四《編年類》、《文獻通考》卷一百九十三《經籍考二十》、《蜀中廣記》卷九十二《著作記第二‧史部》均持此說。其二是「太平興國初」，源出《宋史》卷四百八十三《世家‧荊南高氏》：「又撰《續通曆》，紀事頗失實，太平興國初，詔毀之。」《十國春秋》卷一百二《荊南三‧孫光憲傳》亦曰：「又撰《續通曆》，紀事頗失實，太平興國初，詔毀之。」明顯承襲《宋史》的說法。以上兩種關於詔毀的具體時間確實有所差異，但囿於史料匱乏，難以準確斷定孰是孰非，但此書最遲至太平興國初年即已遭到查禁當為事實。

　　而《續通曆》之所以被「詔毀」，其原因亦有兩種不同看法：其一是前引《郡齋讀書志》《玉海》《文獻通考》《蜀中廣記》記載的「以所紀多非實也」「以其所紀多非實也」，即記載與事實不合。其二是《愛日精廬藏書志》卷九《史部‧編年類》曰：「《續通曆》好載符瑞夢兆及鬼神怪異之事，體近小說。此宋祖所以詔毀其書歟？」即認為充斥於《續通曆》內容中的符瑞夢兆及鬼神怪異之事，是被詔毀的緣故。但這一說法是張精吾據今本《通曆》後五卷得出的結論，而《續通曆》與之存在明顯區別，故此將之作為詔毀該書的緣由，難以令人信服。〔註8〕今有學者認為，上述所謂紀事失實和內涉符瑞夢兆及鬼神怪異之事，應該都不是《續通曆》被查禁的根本原因，關鍵其實更在

〔註8〕周徵松：《〈通曆〉的續編和〈舊五代史〉的校補》，《山西師範大學學報》（社會科學版）1982年第1期。

於書中觀念與現實統治意志之間的嚴重衝突，即荊南入宋後，《續通曆》宣揚的歷史觀念及其間蘊含的褒貶取向，與宋代立國後倡導的國家意識存在尖銳對立。〔註9〕這種著眼於新舊政治立場差異的考察，較之前兩者，或許更為貼近歷史的實際。

另外，仍應注意的是，儘管此書在宋初即已被禁燬，但其內容在其他現存書籍中仍有少數保留。〔註10〕如《釣磯立談》的引述為：

> 元宗神采精粹，詞旨清暢，臨朝之際，曲盡姿致。湖南嘗遣廖法正將聘。既還，語人曰：「汝未識東朝官家，其為人粹若琢玉，南嶽真君恐未如也。」是以荊渚孫光憲敘《續通曆》云：「聖表聞於四鄰。」蓋謂語此也。

又如《資治通鑑考異》卷二十七《唐紀十九》載：

> 《金鑾記》：「上曰『朕以濮王處長』。」云云。新《傳》：「帝十七子，德王裕、棣王栩、虔王楔、遂王禕、景王秘、輝王祚、祈王祺、雅王禎、瓊王祥、端王禛、豐王祁、和王福、登王禧、嘉王祐、潁王禔、蔡王祐。何皇后生裕及祖先，餘皆失其母之氏位。」舊《傳》云昭宗十字，無端王禛以下七人。按新、舊《傳》，昭宗諸子皆無濮王。孫光憲《續通曆》：「濮王名紃，昭宗之子，母曰太后王氏。哀帝被殺，朱全忠立紃為天子，改元天壽。明年，禪位於梁。」此乃光憲傳聞謬誤也。昭宗亦無王皇后。《金鑾記》所云濮王，蓋德王改封耳。

又如《默記》卷上云：

> 晏元獻守長安。有村中富民異財，云素事一玉髑髏，因大富。今弟兄異居，欲分為數段。元獻取而視之，自額骨左右皆玉也，瑰異非常者可比。見之，公喟然歎曰：「此豈得於華州蒲城縣唐明皇泰陵乎？」民言其祖實於彼得之也。元獻因為僚屬言：「唐小說：唐玄宗為上皇，遷西內，李輔國令刺客攜鐵槌擊其腦。玄宗臥未起，中其腦，皆作磬聲。上皇驚謂刺者曰：『我固知命盡於汝手，然葉法善曾勸我服玉，今我腦骨皆成玉；且法善勸我服金丹，今有丹在首，固自難死。汝可破腦取丹，我乃可死矣。』刺客如其言取丹，乃死。」

〔註9〕房銳：《〈續通曆〉考辨》，《史學史研究》2005 年第 4 期。

〔註10〕《孫光憲與〈北夢瑣言〉研究》，第 50～51 頁。

孫光憲《續通曆》云：「玄宗將死，云：『上帝命我作孔升真人。』爆然有聲。視之，崩矣。亦微意也。然則，此乃真玄宗之髑髏骨也。」因潛命瘞於泰陵云。肅宗之罪著矣。或云，肅宗如武乙之褻費苦心，可驗其非虛也。

又如《困學紀聞》卷一十四《考史》載：

《五代史·周本紀論》：「周世宗嘗夜讀書，見唐元積《均田圖》，歎曰：『此致治之本也。』詔頒其圖法，使吏民先習知之，期以一歲大均天下之田。」考之《五代會要》「租稅」類，世宗見元積在同州時所上《均田表》，因制素為圖，賜諸道。《崔頌傳》云：「世宗讀唐元積《均田疏》，命頌寫為圖，賜近臣，遣使均諸道租賦。」史謂「元積圖」，誤也。《積集》有《同州奏均田》。《續通曆》云：「唐同州刺史元積奏均租賦，帝覽文集而善之，寫其辭為圖以賜。」

當然，以上所引都是明確標識源出《續通曆》的記載，除此之外，應當還有散見於其他書籍而未標明出自《續通曆》的內容。已有學者根據就目前所見《續通曆》的若干佚文，曾探討該書的編撰時間、材料來源、內容、影響等問題，〔註11〕一定程度上有助於今人對該書的理解。

（二）雜史類

1.《後史補》，三卷，高若拙撰

《崇文總目》卷三《雜史類》載：「《後史補》三卷。」未著撰人。《直齋書錄解題》卷十一《小說家類》著錄《後史補》三卷，且稱「前進士高若拙撰」。《通志》卷六十五《藝文略第三·史類第五·雜史》載：「《後史補》三卷，周高若拙雜記唐及五代史。」《文獻通考》卷二百一十六《經籍考四十三·子·小說家》曰：「《後史補》三卷。陳氏曰：前進士高欲［若］拙撰。」《宋史》卷二百三《藝文志二·傳記類》云：「高若拙《後史補》三卷。」《國史經籍志》卷三《雜史類》載：「《後史補》三卷。周高若拙雜記唐及五代史事。」《欽定天祿琳琅書目》卷五《唐國史補》亦載「高若拙《後史補》三卷」。清人趙士煒《中興館閣書目輯考》亦有「高若拙《後史補》三卷」

〔註11〕房銳：《〈續通曆〉考辨》，《史學史研究》2005年第4期；又見氏著《孫光憲與〈北瑣言〉研究》，第51～60頁。

之記載。今有學者將高若拙撰《後史補》視為小說類，顯然沿襲的是《直齋書錄解題》《文獻通考》的做法，明顯與《崇文總目》《通志》《國史經籍志》等諸書不同。〔註12〕本文採納後者之說，將《後史補》列入「雜史類」。

據《玉海》卷四十七《藝文‧雜文》「唐國史補」條記載：「志李肇《國史補》三卷（述開元至長慶事以補史氏之缺）。林恩《補國史》十卷（《崇文目》：六卷；《書目》：《補國史》六卷。載德宗以後二十三事，其條目次第差互。）《崇文目》：高若拙《後史補》三卷（《書目》同）。」據此判斷，則高若拙所撰《後史補》，是對李肇《國史補》或林恩《補國史》的續作，兩者之間應有一定的繼承性，其記事的時間下限或延伸至唐末五代。

此書久已散佚，在宋人曾慥所編《類說》中曾輯有五篇，分別為《桑落酒訛呼為桑郎》《判雜職》《詩窖子》《黃居難》《杜荀鴨》，茲將相在內容具引如下。《桑落酒訛呼為桑郎》載：「河中有桑落坊，有井每至桑落時，取其寒暄午，所以井水釀酒甚佳。樂天詩云：『桑落氣薰珠翠暖，柘枝聲引管絃高。』號『桑落酒』。舊京人呼為『桑郎』，蓋語訛耳。」《判雜職》載：「李自誠為長葛宰。一雜職犯過，乃戲判曰：『豈有終日執之而不其味者乎？』」《詩窖子》載：「王仁裕著詩萬首，謂之『詩窖子』，亦曰『千篇集』。」《黃居難》載：「有舉子好為詩章，每通名刺云：『鄉貢進士黃居難，字樂地。』欲比白居易字樂天也。又有張碧者，業歌詩，云與李白為對。」《杜荀鴨》載：「梁園有富家子杜四郎，好接文士，愛為詩篇，時號『杜荀鴨』以比荀鶴。每有詩即題壁，親賓或污漫之，即云：『三十年來塵撲面，如今始得一枚泥。』」

此外，據有學者考證，《資治通鑑考異》亦引有《後史補》中的兩條，其一見於該書卷二十五《唐紀十七》：「梁太祖皇帝到梁園，深有大志，然兵力不足，常欲外掠；又虞四境之難，每有鬱然之狀。時有薦敬秀才於門下，乃白梁祖曰：『明公方欲圖大事，輜重必為四境所侵，但令麾下將士詐為叛者而逃，即明公奏於主上，及告四鄰，以自襲徒為名。』梁祖曰：『天降奇人，以佐於吾。』初從其議，一出而致眾十倍。」其二見於該書卷二十九《後梁紀下》：「（鄭）玨應一十九舉方捷，姓名為第十九人，第行亦同，自登第凡十九年為宰相。」

另，高若拙其人生卒不詳，正史及《十國春秋》皆無傳，故何時中進士

〔註12〕《五代荊南政權研究》，第 231 頁。

難以考知。但《五代詩話》卷七《荊南‧高若拙》載：「若拙善詩，從誨辟於幕下，嘗作《中秋不見月》云：『人間雖不見，天外自分明。』從誨覽之，謂賓佐曰：此詩雖好，不利於己，將來但恐喪明。後果如其言。」其實，高從誨不僅有鑒詩之才，而且亦能寫詩，《五代詩話》卷一《國主‧南平王高從誨》即載：「晉學士王仁裕來聘，王出十妓彈琴以樂之，《韻府群玉》載從誨有句云：『紅妝齊抱紫檀槽，一抹朱弦四十條。』」

（三）地理類

1.《北戶錄注》，卷數不詳，孫光憲撰〔註13〕

諸家書目均未著錄此書。而《北戶錄》則屢見於各種官私書目及其他書籍。唐段公路所撰此書又名《北戶雜錄》，如《新唐書》卷五十八《藝文志二‧地理類》著錄「段公路《北戶雜錄》三卷（文昌孫）」。《崇文總目》卷四《地理類》著錄「《北戶雜錄》三卷」。《遂初堂書目》著錄「《北戶雜錄》」。《宋秘書省續編到四庫闕書目》卷二《小說》載：「段公路《北戶錄》三卷。」葉德輝按：「《宋志》入史部傳記類，云一卷。《新唐志》《崇文目》《遂初目》入地理類，作《北戶雜錄》，《陳錄》作《雜記》。」《通志》卷六十六《藝文略四‧地理‧蠻夷》著錄「《北戶雜錄》三卷（段公路撰）。」《海錄碎事》卷四下《宮殿門》「北戶」條載：「唐段文昌之孫段公路有《北戶雜錄》三卷。」然而，《宋史》卷二百三《藝文志二‧傳記類》著錄「陸希聲《北戶雜錄》三卷」，同卷又著錄「段公路《北戶雜錄》一卷」。兩者皆誤，前者中的陸希聲係為該書作序者，而非此書作者；後者卷數有誤，當為「三卷」。如《四庫全書總目》卷七十《史部‧地理類三》的著錄即為「《北戶錄》三卷」。根據上述多種記載，可知《北戶錄》在各種書目中普遍被歸入「地理類」，故將《北戶錄注》亦劃入此類。

孫光憲撰《北戶錄注》的說法源自下述記載，《北戶錄》卷三《睡蓮》載：「其花布葉數重，不房而蕊，凡五種色，當夏晝開，夜縮入水底，晝復出也。與夢草晝縮入地，夜即復出，一何背哉。龜圖注云：夢草似蒲，色紅，即方朔獻武帝者。孫光憲續注曰：從事江陵日，寄住蕃客穆思密嘗遺水仙花數本，如橘，置於水器中，經年不萎。」另《南部新書》卷癸也有類似記載：「孫光憲從事江陵日，寄住蕃客穆思密嘗遺水仙花數本，摘之水器中，經年不萎。」

但以上記述，反映的僅僅是孫光憲對於《北戶錄》中一段文字的「續注」，尚不足以表明孫氏注釋過全書，更無材料印證孫光憲曾撰述此書。因此，孫光憲撰《北戶錄注》的說法不足為信，否則斷不至於各家書目都未見著錄。

（四）目錄類（金石目）

1.《南平高王廟碑》

《輿地紀勝》卷六十五《荊湖北路·江陵府下·碑記》「南平高王廟碑」注云：「周顯德二年，孫光憲撰。今在城西三王廟前。」關於三王廟的記載較為少見，但方志中另有三王墓的記述，嘉靖《湖廣圖經志書》卷六《荊州府·陵墓》載：「高氏三王墓，在城西龍山鄉，葬南平高氏武信王季興、文獻王從誨、正懿王寶〔保〕融。」《寶刻類編》卷七《名臣·後周》載：「荊南節度贈太師楚王高季興碑。」注云：「孫光憲撰，（王）貞元行書，（王）貞範篆額。顯德二年九月立，江陵。」

2.《南平高武信王神道碑》

《輿地紀勝》卷六十五《江陵府下·碑記》云：「王諱季興，葬於江陵縣龍山鄉。乾德六年，陶穀撰。」《太平寰宇記》卷一百四十六《山南東道五·荊州·江陵縣》載：「楚莊王冢，在縣西龍山鄉三十里。」《輿地廣記》卷二十七《荊湖北路上·江陵府·江陵縣》云：「今郡城晉桓溫所築，有龍山、漢江。」《方輿勝覽》卷二十七《湖北路·江陵府》「山川」條載：「龍山，在江陵縣西。有落帽臺。」可知龍山鄉位於江陵縣西。嘉靖《湖廣圖經志書》卷六《荊州府·山川》載：「龍山，在城西北十五里，山勢綿延，俗名□□。桓溫九月九日同參軍孟嘉□此，風落嘉帽，今有落帽臺。」又《十國春秋》卷一百《荊南一·武信王世家》載：「翰林學士陶穀撰神道碑。」又注引《江陵志餘》云：「城西有高王廟，祀武信王，一稱土主廟。又太白湖口有高陵廟。」

此碑碑文已佚，僅有零星文字殘存至今，如《方輿勝覽》卷二十七《湖北路·江陵府·形勝》引《高武信王神道碑》有「南通五嶺，旁帶一江，接壤吳、蜀，舟車四達」之語，《輿地紀勝》卷六十四《江陵府上·風俗形勝》此《高武信王神道碑》則作「南通五嶺，旁帶二江，東南接壤，吳、蜀交據，舟車四達」。兩者相較，後者內涵更為豐富，或許更接近於原文。

3.《南平高文獻王神道碑》

《輿地紀勝》卷六十五《江陵府下·碑記》載：「王諱從誨，葬龍山。艾

穎撰。」《十國春秋》卷一百一《荊南二‧文獻王世家》載：「贈尚書令，葬龍山鄉，翰林學士陶穀撰神道碑。」碑文今已不存，但仍有殘句「荊臺界吳、蜀之要」〔註14〕存留。

4.《南平高貞懿王神道碑》

《輿地紀勝》卷六十四《江陵府上‧風俗形勝》載：「王諱保融，葬龍山。陶穀撰。」並錄有碑文中的「楚水溶溶，荊山崇崇」「荊巫奧壤，橫控南夏」之語。《十國春秋》卷一百一《荊南二‧貞懿王世家》載：「亦葬龍山鄉，至今有高氏三王墓云。」

5.《渤海高公神道碑》

《輿地紀勝》卷六十四《江陵府上‧風俗形勝》載：「公諱保勖。陶穀撰。」並保留有「巖巖楚山，中含秀氣；森森蜀江，南國之紀」的片段。《十國春秋》卷一百一《荊南二‧文獻王世家》引《江陵志》曰：「三王神道碑及《渤海高公保勖神道碑》，皆（陶）穀所撰。」

6.《大晉故隴海公高季雍墓誌銘》

1978年春，在位於江陵城東北瀆湖中的鳳凰臺發掘出高季雍夫婦合葬墓。該墓為磚墓，早期被盜，券頂坍塌，棺已腐盡。出土隨葬物有銀魚飾挖耳一支、瓷香盒一隻、墓誌二盒。每塊墓誌13釐米厚，64釐米見方，陰刻紋飾，線條纖細流暢，兩蓋盝頂斜殺處飾龍紋。其中一盒為男性墓誌，蓋上篆書「大晉故隴海公高季雍墓誌銘」，剝飾嚴重，志文模糊不清。〔註15〕而《大晉故隴西郡董氏墓誌銘》稱高季興為「峽牧、太傅、隴海公」〔註16〕。《冊府元龜》卷一百七十八《帝王部‧姑息三》載：「長興元年正月，荊南奏：峽州刺史高季雍、歸州刺史孫文乞且依舊任，從之。」可知，高季雍在後唐明宗長興初年確曾擔任峽州刺史，即「峽牧」。

7.《大晉故隴西郡董氏墓誌銘》

按，1978年春，在江陵城東北瀆湖鳳凰臺出土了高季雍夫婦合葬墓，並

〔註14〕（宋）王象之：《輿地紀勝》卷64《江陵府上‧風俗形勝》引《高文獻王神道碑》，中華書局影印本1992年版，第2199頁。

〔註15〕湖北省江陵縣縣志編纂委員會：《江陵縣志》卷95《文物志‧歷史文物‧古墓葬》，湖北人民出版社1990年版，第650頁。

〔註16〕參見劉家麟等編：《中國歷史文化名城詞典》，上海辭書出版社1985年版，第572頁。

發現此墓誌銘。志文係楷書所撰，約 1400 字，其中記述：「（董氏）十七禮歸
於峽牧、太傅、隴海公高季雍。郎，先南平大王之令弟也。天福四年……夜薨
於私第，享年六十九。長子故馬軍都指揮使、檢校左僕射（高從嗣），次子左
雲猛副指揮使、檢校司空（高）從讓。」〔註 17〕《十國春秋》卷一百二《荊
南三·高從嗣傳》云：「從嗣，武信王從子也。為人驍勇有力，喜馳突，深入
敵軍，率以為常。積功至雲猛指揮使。」所載與墓誌相合，當屬可信。

8.《高從讓碑》

按，《入蜀記》卷六載：「又有周顯德中荊南判官孫光憲為知歸州高從讓
所立碑。從讓，蓋南平王家子弟；光憲亦知名，國史有事蹟。蓋五代時歸、峽
皆隸荊渚也。」據《大晉故隴西郡君董氏墓誌金銘》記載，高從讓係高季興之
弟峽州刺史、檢校太傅、隴海公高季雍之次子，曾任荊南左雲猛副指揮使、
檢校司空。〔註 18〕而《十國春秋》卷一百二《荊南三·高從讓傳》稱：「從讓，
武信王第□子。入宋，授左清道率府率。」此載將高從讓作高季興之子，顯係
有誤。

9.《經藏修造記》

按，《輿地紀勝》卷六十四《江陵府上·風俗形勝》載：「在龍門山外金鑾
福昌禪寺。有晉天福六年創《經藏修造記》，見存。」其文字未見有所著錄，
應該久已散佚，具體內容不得而知。

三、子部藝文考

（一）農家類

1.《蠶書》，二卷，孫光憲撰

《崇文總目》卷五《農家類》載：「孫氏《蠶書》二卷。」《直齋書錄解
題》卷十《農家類》載：「《蠶書》二卷，孫光憲撰。光憲事蹟見小說類。」四
庫館臣注曰：「《宋史·藝文志》作三卷。」《通志》卷六十六《藝文略第四·
養蠶》云：「《蠶書》二卷，孫光憲撰。」《玉海》卷七十七《禮儀·親蠶·至
道養蠶經》引《崇文總目》云「孫氏《蠶書》二卷」。《文獻通考》卷二百一十
八《經籍考四十五·子·農家》載：「《蠶書》二卷，陳氏曰孫光憲撰。光憲事
蹟見小說類。」《宋史》卷二百五《藝文志五·農家類》云：「孫光憲《蠶書》

〔註 17〕《中國歷史文化名城詞典》，第 572 頁。
〔註 18〕《中國歷史文化名城詞典》，第 572 頁。

三卷。」《宋史》卷四百八十三《世家六‧荊南高氏》稱所著有《蠶書》二卷。《蜀中廣記》卷九十四《著作第四‧子部》云：「《蠶書》三卷，陵陽孫光憲著。」《國史經籍志》卷四下《子類》著錄「孫光憲《蠶書》二卷」。在上述各種書志中，僅有《宋史‧藝文志》《蜀中廣記》著錄此書為「三卷」。今人也有承襲「三卷」者，並考訂云：「《崇文總目》卷三『農家類』著錄孫光憲撰《孫子蠶書》二卷。錢侗按云：『《玉海‧藝文類、祥瑞類》兩引《崇文目》並同。《宋志》三卷。』」〔註19〕而其他均作「二卷」，鑒於《崇文總目》《直齋書錄解題》，包括《宋史》本傳，都著錄卷數為「二卷」，故當以「二卷」為準，「三卷」當繫傳抄有誤所致，今不取。

又，《十國春秋》卷一百二《荊南三‧孫光憲傳》曰：「所著有《荊臺集》《橘齋集》《玩筆傭集》《鞏湖編玩》《北夢瑣言》《蠶書》若干卷。（《容齋三筆》載有《貽子錄》，疑亦光憲輩撰。）又撰《續通曆》，紀事頗失實，太平興國初，詔毀之。」〔註20〕《四庫全書總目》卷一百四十《子部‧小說家類一》「《北夢瑣言》二十卷」條稱所著有《蠶書》」。兩者都並未注明卷數。

（二）天文算法類

1.《蜀武成永昌曆》，三卷，孫光憲撰

《宋史》卷二百七《藝文志六‧曆算類》著錄「《蜀武成永昌曆》三卷」，不著撰人。《蜀中廣記》卷九十三《著作記第三‧史部》：「宋經籍係孫光憲名下，武成，王建年號也。」陳尚君先生認為此書係孫光憲所撰，〔註21〕劉尊明先生則將此書視為孫光憲著述，並劃歸編年史類。〔註22〕

但是，《崇文總目》卷四《曆數類》云：「《武成永昌曆》三卷，胡秀林撰。」《通志》卷六十八《藝文略‧曆數》載：「《武成永昌曆》二卷，偽蜀司天監胡秀林撰。」《十國春秋》卷三十六《前蜀二‧高祖本紀下》載：武成二年（909）

〔註19〕《五代藝文考》，第 136 頁。

〔註20〕此段記載引自（清）吳任臣：《十國春秋》卷 102《荊南三‧孫光憲傳》（中華書局 1983 年版，第 1464 頁），但其間有兩處失誤：其一是將《筆傭集》誤作《玩筆傭集》，後者之「玩」顯係衍字，當刪；其二將《續通曆》誤作《續通曆紀事》，其中的「紀事」當下讀，書名當為《續通曆》。

〔註21〕陳尚君：《「花間」詞人事輯》，載氏著《唐代文學叢考》，中國社會科學出版社 1997 年版，第 408 頁。

〔註22〕劉尊明：《唐五代詞史論稿》，香港文化藝術出版社 2000 年版，第 250～251 頁。

十月，「司天監胡秀林獻《永昌曆》，詔行之」。同書卷四十五《前蜀十一·胡秀林傳》載：「胡秀林，□□人，妙精曆法，多所糾正。……高祖即位，仍官司天監，累著《武成永昌曆》二卷，《正像曆經》一卷，後人咸取法焉。」

結合《宋史·藝文志》《崇文總目》《通志》等的著錄來看，此書顯然是前蜀武成年間的曆書。而武成（908～910）係前蜀高祖王建的年號，由於孫光憲出生之年為唐昭宗乾寧三年（896），[註23] 前蜀高祖王建在位的武成年間，孫光憲尚在 13～15 歲之間，還是少年，並未成年，在此階段撰寫曆書的可能性微乎其微。因此，正如上述《崇文總目》《通志》《十國春秋》諸書所載，此書並非孫光憲所撰，其作者當是胡秀林無疑。《前蜀廣記》將該書繫於孫光憲名下的做法，顯然有誤，茲不足取。

（三）術數類

1.《五湖日擊歌》，一卷，孫光憲撰

《宋秘書省續編到四庫闕書目》卷二《子類·五行卜筮》著錄「葆光子《五湖日擊歌》一卷（闕）」。因孫光憲自號葆光子，《十國春秋》卷一百二《荊南三·孫光憲傳》即載：「性嗜經籍，聚書凡數千卷，或自抄寫，孜孜校讎，老而不廢，自號葆光子。」故知此書為孫光憲著述之一。此書未見著錄於其他書志，久佚不存。

（四）藝術類

1.《曲譜》，一卷，孫光憲等撰[註24]

同治《仁壽縣志》卷十一《藝文志·書目》云：「《曲譜》一卷，孫光憲同毛熙震、李珣撰，皆賦後主故事，不著宮調，而調各四句。」合撰者之一的毛熙震，史書無傳，但《花間集》收錄其詞作多首，《五代詩話》卷四《前蜀後蜀·毛熙震》即載：「《花間集》毛熙震詞云：『慢移弓底繡羅鞋。』亦屢見於詩詠矣。」另一位合撰者李珣，《十國春秋》卷四十四《前蜀十》有傳曰：「李

〔註23〕關於孫光憲的生年，今人多有不同判斷。如林艾園（《北夢瑣言·前言》，上海古籍出版社點校本1981年版，第1頁）稱其「生年已不可考」，莊學君《孫光憲生平及其著述》（《四川師範大學學報》1986年第4期）認為「生年約在公元895年」，陳尚君《唐代文學叢考》（第403頁）則稱「約生於唐乾寧（894～897）」年間，劉尊明《唐五代詞史論稿》（第240頁）認為「生年大約應在公元896年或稍後一兩年之間」。據《孫光憲與〈北夢瑣言〉研究》（第2～5頁）考證，其生年應是唐昭宗乾寧三年（896），茲從其說。

〔註24〕《孫光憲與〈北夢瑣言〉研究》，第90頁。

珣字德潤，梓州人，昭儀李舜弦之兄也。珣以小辭為後主所賞，常制《浣溪紗》詞，有『早為不逢巫峽夜，那堪虛度錦江春』，詞家互相傳誦。所著有《瓊瑤集》若干卷。」可見，毛熙震、李珣皆在詞的創作上有一定造詣。而緣於共同的愛好，孫光憲與此二人或有往來。因前蜀亡於後唐莊宗同光三年（925），次年孫光憲受梁震的推薦，入幕高氏荊南，〔註25〕故《曲譜》必定撰成於前蜀後主王衍在位期間。

不過，此書僅著錄於《仁壽縣志》，而不見於其他書志，並且相關記載也極為少見。王灼《碧雞漫志》載：「偽蜀時，孫光憲、毛熙震、李珣有《後庭花》曲，皆賦後主故事，不著宮調，兩段各上句，似令也。」結合上述《仁壽縣志》的說法來看，其內容當淵源於此，且有所發揮，乃至形成「孫光憲、毛熙震、李珣撰《曲譜》一卷」的結論。客觀而論，此說缺乏可靠的證據，孫光憲等撰《曲譜》的記載難以取信，故此著並非孫光憲所撰，不當列入其著述之中。

此外，《五代詩話》卷七《荊南·孫光憲》云：「孫光憲，蜀之資州人，事荊南高氏為從事，有文學名，著《北夢瑣言》，其詞見《花間集》。『一庭梳雨濕春愁』，秀句也，李後主之『細雨濕流光』本此。」可見，孫光憲的詞作造詣也極其深厚。

2.《王氏曲譜》，不詳，高保節妻王氏撰

《北夢瑣言·北夢瑣言逸文補遺》載：

> 王蜀荊南節度使王保義，有女適荊南高從誨之子高保節。未行前，暫寄羽服。性聰敏，善彈琵琶，因夢異人，頻授樂曲。所授之人，其形或道或俗，其衣或紫或黃。有一夕而傳數曲，有一聽而便記者，其聲清越，與常異，類於仙家《紫雲》之亞也。乃曰：「此曲譜請元昆製序，刊石於甲寅之方。」其兄即荊南推官王少監貞範也，為製序刊石。所傳曲，有《道調宮》、《玉宸宮》、《夷則宮》、《神林宮》、《蕤賓宮》、《無射宮》、《玄宗宮》、《黃鐘宮》、《散水宮》、《仲呂宮》；商調，獨指《泛清商》、《好仙商》、《側商》、《紅綃商》、《鳳抹商》、《玉仙商》；角調，《雙調角》、《醉吟角》、《大呂角》、《南呂

〔註25〕（宋）司馬光：《資治通鑑》卷275，後唐明宗天成元年四月，中華書局點校本1956年版，第8979頁。《十國春秋》卷100《荊南一·武信王世家》，第1434頁。

角》、《中呂角》、《高大殖角》、《蕤賓角》；羽調，《鳳吟羽》、《背風
香》、《背南羽》、《背平羽》、《應聖羽》、《玉宮羽》、《玉宸羽》、《風
香調》、《大呂調》。其曲名一同人世，有《涼州》、《伊州》、《胡渭州》、
《甘州》、《綠腰》、《莫靼》、《項盆樂》、《安公子》、《水牯子》、《阿
濫泛》之屬。凡二百以上曲。所異者，徵調中《湘妃怨》、《哭顏回》，
常時胡琴不彈徵調也。王適高氏，數年而亡，得非謫墜之人乎？孫
光憲子婦即王氏之侄也。記得一兩曲，嘗聞彈之，亦異事也。

又，《十國春秋》卷一百三《荊南四·王貞範傳》載：

女弟故所稱荊南仙女者，恒時夢異人授琵琶曲二百餘調，命曰：
「此曲譜屬元昆製序，當刻石於甲寅之方。」如是貞范如女弟指為
製序，刊所傳曲，有：《道調玉宸宮》、《夷則宮》、《神林宮》、《蕤賓
宮》、《無射宮》、《元宗宮》、《黃鐘宮》、《散水宮》、《仲呂宮》、《商
調》、《獨指泛清商》、《紅銷商》、《風商》、《林鍾商》、《醉吟商》、《玉
仙商》、《高雙調商》、《角調》、《醉喳角商》、《大呂角》、《南宮角》、
《蕤賓角》；《羽調》《鳳吟羽》、《風香羽》、《應聖羽》、《玉宸羽》；
《香調》、《大呂調》。而曲名間有同人世者，如《涼州》、《渭州》、
《甘州》、《綠腰》、《莫靼》、《傾盆樂》、《安公子》、《水牯子》、《阿
泛濫》之屬。摹本流傳，一時咸詫以為異。

上述兩段記載為同一事，而從斷句角度看，顯然以前者為勝，後者多有
破讀之處，文意扞格難通。但據兩段記載可知，《王氏曲譜》由二百餘調琵琶
曲組成，包括曲、商調、角調、羽調、徵調等，內容極為豐富，並且還曾刊
石，世間則有「摹本流傳」，足見此曲譜有一定的影響，但其久已散佚不存，
具體內容已不得而知。

（五）雜家類

1.《五書》，一卷，孫光憲撰

《崇文總目》卷三《雜家類》著錄「《五書》一卷」，未署撰人。《宋秘書
省續編到四庫闕書目》卷一《集類·別集》云：「孫光憲《五書》二卷（闕）。」
又清人葉德輝按：《崇文目》入雜家類，無撰人。《宋紹興秘書省編到四庫闕
書目》卷二《集類·別集》著錄「孫光憲《五書》二卷」，又葉德輝按：《崇文
目》入雜家類，無撰人。此書僅見上述書志著錄，兩者分屬子部「雜家類」和
集部「別集」。茲從《崇文總目》，繫於「雜家類」，卷數亦依「一卷」之說。

至於其內容則未見有任何說明，今人已難知曉。

（六）小說類

1.《北夢瑣言》，三十卷，孫光憲撰

此書普遍見載於各種書目，但在卷數上存在三十卷和二十卷的著錄區別。如《崇文總目》卷四《傳記類》載有「《北夢瑣言》三十卷」，《郡齋讀書志》（袁本）卷三下《小說類》著錄「《北夢瑣言》三十卷」。《直齋書錄解題》卷十一《小說家類》亦稱「《北夢瑣言》三十卷」，又云：「黃州刺史陵井孫光憲孟文撰。載唐末、五代及諸國雜事。光憲仕荊南高從誨，三世在幕府。『北夢』者，言在夢澤之北也。後隨繼衝入朝。有薦於太祖者，將用為學士，未及而卒。光憲自號葆光子。」另《通志》卷六十五《藝文略三‧史類五‧雜史》、《宋史》卷四百八十三《世家‧荊南高氏》、《國史經籍志》卷三《史類‧雜史》等都著錄為三十卷。

而將卷數記作二十卷者，卻更為多見，如《郡齋讀書志》（衢本）卷十三《小說類》著錄「《北夢瑣言》二十卷」，又云：「右荊南孫光憲撰。光憲，蜀人，從楊玭、元澄遊，多聞唐世賢哲言行，因纂輯之，且附以五代十國事。取《傳》『畋於江南之夢』，自以為高氏從事，在荊江之北，故命編云。」另《文獻通考》卷二百一十六《經籍考四十三‧子‧小說家》、《蜀中廣記》卷九十二《著作記二‧史部》、《錢曾王述古堂藏書目錄》卷五《子‧小說家》、《讀書敏求記》卷二《史》、《絳雲樓書目》卷二《小說類》、《愛日精廬藏書志》卷二十七《子部‧小說類》、《四庫全書總目》卷一百四十《子部‧小說家類一》、《藏園群書經眼錄》卷九《子部三》、《藏園群書題記》卷八《子部三‧校北夢瑣言跋》等，俱作二十卷。

在此之外，《宋史》卷二百六《藝文志五‧小說家類》著錄「孫光憲《北夢瑣言》十二卷」。

對於上述諸家書目著錄卷數的不同，《鄭堂讀書記》卷六十四《子部‧小說家類二‧雜事中》指出：「《崇文總目》及陳氏作三十卷，《宋志》作十二卷，皆字之誤也。」今有學者認為：「《宋史‧藝文志》作十二卷，入『小說家類』，著錄者可能為一殘本。」〔註26〕陳樂素先生對此亦有察覺：「孫光憲《北夢瑣

〔註26〕周勛初：《唐代筆記小說敘錄》，載《周勛初文集》（第5冊），江蘇古籍出版社2000年版，第477頁。

言》十二卷，《崇文目》、《通志》雜史類、《讀書志》及《解題》均十卷。《通考》雜史類及《四庫提要》二十卷。」〔註27〕對此，黃永年先生有進一步闡述：

> 此書《郡齋讀書志》袁本卷三下小說類、《直齋書錄解題》輯本卷一一小說家均作三十卷，《宋史》卷二〇四〔六〕藝文志小說家類作十二卷，《鄭堂讀書記》說「皆字之誤」，恐未必，因為《太平廣記》中所收此書而為今本二十卷本不收者極多，因此原書有可能真是三十卷，今本二十卷、《宋史》十二卷都是已殘缺之本(《四庫提要》對此卷數出入轉不置一詞，與同類他書的提要寫法不同)。〔註28〕

大致與上述觀點一致，又有研究者指出：

> 《北夢瑣言》今傳本均止有二十卷，《郡齋讀書志》（衢本）卷十三《小說類》相同，《宋史》卷二百六《藝文志·小說類》作十二卷當是誤倒。但南宋末陳振孫《直齋書錄解題》輯本卷十一《小說家類》及《宋史》本傳卻寫作三十卷。按《太平廣記》多有溢出今二十卷本之外者，則原書之為三十卷蓋可信從，今二十卷本已非完書。〔註29〕

結合上述意見而論，《北夢瑣言》成書之初應為三十卷，最早著錄該書的《崇文總目》所載卷數當是最初卷數的實際反映，至於二十卷極有可能是殘缺之本，而非全帙，而十二卷的著錄方式，也有可能是誤倒。此外「二」，則當是傳抄之誤所致。

此外，《十國春秋》卷一百二《荊南三·孫光憲傳》稱所著有《北夢瑣言》《蠶書》若干卷。(《容齋三筆》載有《貽子錄》，疑亦光憲輩撰。)「又撰《續通曆》，紀事頗失實，太平興國初，詔毀之。」〔註30〕又，《四庫全書總目》卷一百四十《子部·小說家類一》著錄「《北夢瑣言》二十卷」，又云：

〔註27〕陳樂素：《宋史藝文志考證》，廣東人民出版社2002年版，第247頁。

〔註28〕黃永年：《唐史史料學》，上海書店出版社2002年版，第173～174頁。

〔註29〕賈二強：《〈北夢瑣言〉點校說明》，見《北夢瑣言》，中華書局點校本2002年版，第3～4頁。

〔註30〕此段記載引自《十國春秋》卷102《荊南三·孫光憲傳》（第1464頁），但其間有兩處失誤：其一是將《筆傭集》誤作《玩筆傭集》，後者之「玩」顯係衍字，當刪；其二將《續通曆》誤作《續通曆紀事》，其中的「紀事」當下讀，書名為《續通曆》。

「宋孫光憲撰。光憲，字孟文，自號葆光子。《十國春秋》作貴平人，而自題仍稱富春者。光憲自序，言生自岷峨，則當為蜀人。其曰富春，蓋舉郡望也。仕唐為陵州判官，旋依荊南高季興為從事，後勸高繼沖以三州歸宋。宋太祖嘉之，授黃州刺史以終。《五代史・荊南世家》載之甚明，舊以為五代人者，誤矣。所著有《荊臺集》《橘齋集》《筆傭集》《鞏湖集〔編〕玩》《蠶書》《續通曆》等書，自宋代已散佚，惟是書獨傳於後。其曰『北夢瑣言』者，以《左傳》稱『田於江南之夢』，而荊州在江北，故以命名。蓋仕高氏時作也。所載皆唐及五代士大夫逸事，每條多載某人所說，以示有徵，蓋用杜陽雜編之例。其記載頗猥雜，敘次亦頗冗杳，而逸文瑣語往往可資考證，故宋李昉等編《太平廣記》多採其文。晁公武《讀書志》載：光憲《續通曆》十卷，輯唐洎五代事以續馬總之書，參以黃巢、李茂貞、劉守光、按巴堅（案，按巴堅原作阿保機，今改正）、吳、唐、閩、廣、吳越、兩蜀事蹟。太祖以所記多不實，詔毀其書。而此書未嘗議及，則語不甚誣可知矣。世所行者凡二本：一為明商濬稗海所刻，脫誤殆不可讀；近時揚州新刻，乃元華亭孫道明所藏，猶宋時陝西刊版，差完整有緒，故今以揚州本著錄，不用商氏本云。」

2.《貽子錄》，一卷，孫光憲撰

《容齋續筆》卷十三《貽子錄》載：「先公自燕歸，得龍圖閣書一策，曰《貽子錄》，有『御書』兩印存，不言撰人姓名，而序云：『愚叟受知南平王，政寬事簡。』意必高從誨擅荊渚時賓寮如孫光憲輩者所編，皆訓徯童蒙。」據此來看，洪邁所言《貽子錄》係其父洪皓從龍圖閣獲得。而龍圖閣係宋真宗大中祥符年間（1008～1016）所建，主要功能是「藏太宗御製御書及典籍、圖畫、寶瑞之物」。〔註31〕另有史籍載：「乾德元年，平荊南，詔有司盡收高氏圖籍，以實三館。」〔註32〕結合上述兩段記載綜合判斷，《貽子錄》大概在高氏圖籍移送開封時被送入三館，龍圖閣建成後，又被收入其中。《十國春秋》卷一百二《荊南三・孫光憲傳》曰：「所著有《荊臺集》《橘齋集》《筆傭集》《鞏湖編玩》《北夢瑣言》《蠶書》若干卷。（《容齋三筆》載有《貽子

〔註31〕（宋）孫逢吉：《職官分紀》卷15《龍圖閣》，中華書局影印本1988年版，第360頁。

〔註32〕（宋）江少虞：《宋朝事實類苑》卷31《詞翰書籍・藏書之府八》，上海古籍出版社點校本1981年版，第393頁。

錄》，疑亦光憲輩撰。）又撰《續通曆》，紀事頗失實，太平興國初，詔毀之。」〔註33〕此書未見書志著錄，久已散佚，但據上述「訓敬童蒙」內容而言，當歸入「儒家類」。

另，《宋史》卷二百六《藝文志五‧小說類》云：「《賂子解》（一作錄）一卷。」未著撰人。而《賂子解》一書，僅見於《宋志》著錄，不見於其他書志。據《宋秘書省續編到四庫闕書目》卷二《小說》載：「《貽子錄》一卷。」葉德輝按曰：「《宋志》《賂子解》一卷，云『解』一作『錄』，疑即此書。」據此而論，如《賂子解》一作《賂子錄》，因「賂」「貽」字形相近，傳抄極易致誤，《賂子解》當為《貽子解》。

關於該書作者，據以上記載，大致可認定為孫光憲，但有學者對此有不同意見，認為孫光憲在《白蓮集序》中自稱「鄙」，在《北夢瑣言序》中自稱「僕」「鄙」，在此《序》中則自稱「愚叟」，與前兩者有所不同，故而《貽子錄》的作者未必是孫光憲；而且，荊南之主被封為南平王者僅有高季興和高從誨二人，而為其所賞識的文士，如梁震、李載仁、司空薰、王貞範等人，都有可能是《貽子錄》的編撰者。〔註34〕這種看法可備一說，但以三本書中《序》的自稱不同作為重要證據，斷定孫光憲並非此書作者，或有欠妥，不足取信。

此外，有學者稱此書為《貽孫》，〔註35〕顯然有誤，當作《貽子錄》或《貽子解》。

3.《紀遇錄》，二卷，孫光憲撰

《宋秘書省續編到四庫闕書目》卷二《子類‧小說》曰：「孫光憲撰《紀遇錄》二卷（闕）。」此書僅著錄於該書目，不見於其他官私目錄，故相關內容不得而知。

（七）道家類

1.《太上金闕三洞八景陰陽仙班朝會圖》，五卷，孫光憲撰〔註36〕

〔註33〕此段記載引自《十國春秋》卷102《孫光憲傳》（第1464頁），但其間有兩處失誤：其一是將《筆傭集》誤作《玩筆傭集》，後者之「玩」顯係衍字，當刪；其二將《續通曆》誤作《續通曆紀事》，其中的「紀事」當下讀，書名為《續通曆》。

〔註34〕《孫光憲與〈北夢瑣言〉研究》，第89頁。

〔註35〕許肇鼎：《宋代蜀人著作存佚錄》，巴蜀書社1986年版，第432頁。

〔註36〕有學者認為此書書名為《太元金闕山洞八景陰陽仙班朝會圖》，見《孫光憲與〈北夢瑣言〉研究》，第82頁。但據《崇文總目》「元」當作「上」，另「山」當作「三」。

　　《崇文總目》卷九《道書類》著錄「《太上金闕三洞八景陰陽仙班朝會圖》五卷」，未著撰人。《通志》卷六十七《藝文略第五‧道家三‧符籙》云：「《太元〔上〕金闕三洞八景陰陽仙班朝會圖》五卷，孫光憲撰。」《國史經籍志》卷四上《子類‧道家‧符籙》云：「太元〔上〕金闕三洞八景陰陽仙班朝會圖五卷（孫光憲）。」據此可知，孫光憲曾撰《太上金闕三洞八景陰陽仙班朝會圖》五卷，其內容為道家符籙。原書今已不存，難知其具體內容。

　　2.《洞天集》，五卷，王貞範輯

　　《直齋書錄解題》卷十五《總集類》云：「《洞天集》五卷。漢王貞範集道家、神仙、隱逸詩篇。漢乾祐中也。」《通志》卷六十六《藝文略第四‧名山洞府》著錄「《洞天集》，五卷。（王正範撰。）」《文獻通考》卷二百四十八《經籍考七十五‧集‧總集》著錄「《洞天集》，五卷」，注引陳氏曰：「漢王貞範集道家、神仙、隱逸詩篇。漢乾祐中也。」

　　此書在《宋史‧藝文志》中前後出現兩次，《宋史》卷二百五《藝文志四‧子‧道家附釋氏神仙類》著錄「王貞範《洞天集》二卷」。又《宋史》卷二百九《藝文志八‧集‧總集類》著錄「王正范《續正聲集》五卷，又《洞天集》五卷」。兩處記載有三處需要說明，其一，「王貞範」「王正範」實為一人，其人生卒年無考，係高氏荊南前期重要幕僚王保義之子，曾「事文獻王為推官，累官少監」。〔註37〕《十國春秋》卷一百三《荊南四》有傳。其二，該書卷數不應是《宋史‧藝文志四‧道家附釋氏神仙類》所言「二卷」，而當以其他書志所記的「五卷」為準。其三，按照《宋史‧藝文志》的分類，《洞天集》既屬子部的道家類，又屬集部的總集類，屬於兼類。此點與《直齋書錄解題》《通志》《文獻通考》將其歸於集部總集類有所不同。從該書所收作品的內容性質而論，即道家、神仙、隱逸詩篇來看，應屬兼類，故可在子部和集部互著。

　　《洞天集》久已散佚，不存於世。現明確斷定出自《洞天集》的佚文僅見一條，即《太平廣記》卷四百五《嚴遵仙槎》載：「嚴遵仙槎，唐置之于麟德殿，長五十餘尺，聲如銅鐵，堅而不蠹。李德裕截細枝尺餘，刻為道像，往往飛去復來，廣明已撈失之。槎亦飛去。」

〔註37〕《十國春秋》卷103《荊南四‧王貞範傳》，第1466頁。

四、集部藝文考

（一）別集類

1.《梁震表狀》，一卷，梁震撰〔註38〕

《宋史》卷二百八《藝文志七·別集類》著錄「《梁震表狀》一卷」。因而，該書當歸入別集。此處將《梁震表狀》列入別集類，其依據即是上述記載。今有學者將之劃歸史部的詔令奏議類，〔註39〕明顯與上述書目所載不同，未知何據。

2.《梁震文集》，一卷，梁震撰

《崇文總目》卷十一《總集類》著錄「《梁震文集》一卷（闕）」。《通志》卷七十《藝文略第八·別集五》著錄「《梁震集》一卷」。《十國春秋》卷一百二《荊南三·梁震傳》載：「所著《文集》一卷行世。」可見此書又名《梁震集》，即《梁震文集》與《梁震集》，異名而同書。

另，《五代詩話》卷七《梁震》載：「梁震既知嗣王克勝厥任，因請退居監利，王為之築室於土州上，震披鶴氅，逍遙若仙，自稱荊臺隱士，題院中壁云：『桑田一變賦歸來，爵祿焉能浼我哉！黃犢依然花竹外，清風萬古凜荊臺。』每詣府，輒跨黃牛至廳事以為常。王亦時過其家，斗酒相勞，歡敘平生，四時賜予甚厚，遂以是終其天年。」可知梁震能賦詩，《全唐詩》卷七百六十二《梁震》錄其《荊臺道院》詩曰：「桑田一變賦歸來，爵祿焉能浼我哉？黃犢依然花竹外，清風萬古凜荊臺。」文集之中亦當包括此類詩作。惜該集已佚，不存於世。

3.《荊臺集》，四十卷，孫光憲撰

此書被眾多官私書目著錄，《崇文總目》卷十二《別集類六》著錄「孫光憲《荊臺集》四十卷」。《通志》卷七十《藝文略第八·表章》著錄「孫光憲《荊臺集》四十卷」，附注：「高季興為荊南高季興記室所作箋奏。」《宋史》卷二百八《藝文志七·別集類》著錄「孫光憲《荊臺集》四十卷」；並且，《宋史》卷四百八十三《世家六·荊南高氏》稱著有「《荊臺集》三十卷」。又《四庫全書總目》卷一百四十《子部·小說家類一》「《北夢瑣言》二十卷」條稱所

〔註38〕《五代荊南政權研究》（第231頁）將此書歸入史部詔令奏議類，顯然欠妥，今不取。
〔註39〕《五代荊南政權研究》，第231頁。

－357－

著有《荊臺集》。另，《十國春秋》卷一百二《荊南三‧孫光憲傳》曰：「所著有《荊臺集》《橘齋集》《筆傭集》《鞏湖編玩》《北夢瑣言》《蠶書》若干卷。（《容齋三筆》載有《貽子錄》，疑亦光憲輩撰。）又撰《續通曆》，紀事頗失實，太平興國初，詔毀之。」〔註40〕據此來看，孫光憲確曾撰有《荊臺集》，而其卷數當為「四十卷」，《宋史》本傳所言「三十卷」，當誤，或繫傳抄之訛。

4.《橘齋集》，二卷，孫光憲撰

按，《崇文總目》卷五《別集類五》：「孫光憲《摘齋集》二卷。」而《宋史》卷二百八《藝文志七‧別集類》：「（孫光憲）《橘齋集》二卷。」兩者相較，前者之「摘」顯係「橘」之誤，當以後者為是。且《宋史》卷四百八十三《世家六‧荊南高氏》稱所著有《橘齋集》二卷。《十國春秋》卷一百二《荊南三‧孫光憲傳》亦稱所著有《橘齋集》。另，《蜀中廣記》卷九十七《著作記第七‧集部》載：「所著《荊臺集》《鞏湖編玩》《筆傭集》《橘齋集》《北夢瑣言》《蠶書》。」《四庫全書總目》卷一百四十《子部‧小說家類一》云：「所著有《荊臺集》《橘齋集》《筆傭集》《鞏湖集玩》《蠶書》《續通曆》等書。」均提及孫光憲所撰《橘齋集》。至於《鞏湖集玩》中的「集」，當係「編」之誤。

5.《筆傭集》，十卷，孫光憲撰

《崇文總目》卷十二《別集類六》著錄「孫光憲《筆傭集》十卷」。《宋史》卷二百八《藝文志七‧別集類》著錄「（孫光憲）《筆傭集》十卷」。而《宋史》卷四百八十三《世家六‧荊南高氏》稱所著有《筆傭集》三卷。與《崇文總目》所載不同。《蜀中廣記》卷九十七《著作記第七‧集部》著錄「（孫光憲）《筆傭集》十卷」。由此可知，「三卷」之說似誤，當作「十卷」。

此外，《十國春秋》卷一百二《荊南三‧孫光憲傳》、《四庫全書總目》卷一四‧《子部‧小說家類一》「《北夢瑣言》二十卷」條，均稱所著有《筆傭集》，但未言及卷數。

6.《鞏湖編玩》，三卷，孫光憲撰

《郡齋讀書志》（衢本）卷十八《別集類上》著錄「孫光憲《鞏湖編玩》三卷。」又云：「右荊南孫光憲字孟文，陵州人。王衍降唐，避地荊南，從誨

〔註40〕 此段記載引自《十國春秋》卷102《荊南三‧孫光憲傳》（第1464頁），但其間有兩處失誤：其一是將《筆傭集》誤作《玩筆傭集》，後者之「玩」顯係衍字，當刪；其二將《續通曆》誤作《續通曆紀事》，其中的「紀事」當下讀，書名為《續通曆》。

避掌書記，歷檢校秘書監，御史大夫。王師收朗州，光憲勸其主獻三州。乾德中，終黃州刺史。自號葆光子。」《通志》卷七十《藝文略第八·別集五》著錄「孫光憲《鞏湖編玩》三卷」。《文獻通考》卷二百三十三《經籍六十·別集》著錄「孫光憲《鞏湖編》三卷」。《宋史》卷二百八《藝文志七·別集類》著錄「（孫光憲）《鞏湖編玩》三卷」。《宋史》卷四百八十三《世家六·荊南高氏》稱所著有《鞏湖編玩》三卷。《蜀中廣記》卷九十七《著作記第七·集部》著錄「（孫光憲）《鞏湖編玩》三卷」。

另，《十國春秋》卷一百二《荊南三·孫光憲傳》稱所著有《鞏湖編玩》。而《四庫全書總目》卷一百四十《子部·小說家類一》「《北夢瑣言》二十卷」條稱所著有《鞏湖集玩》。後者書名中之「集」顯係「編」之誤，今不取。

7.《紀遇詩》，十卷，孫光憲撰

《宋秘書省續編到四庫闕書目》卷一《集類·別集》著錄「《記遇詩》一卷」，又清人葉德輝按：《宋志》孫光憲《紀遇詩》十卷，又纂《唐賦》一卷。《宋紹興秘書省續編到四庫闕書目》卷二《集類·別集》著錄「（孫光憲）《記遇詩》一卷」，又葉德輝按曰：「《宋志》孫光憲《紀遇詩》十卷。」《宋史》卷二百八《藝文志七·別集類》著錄「（孫光憲）《紀遇詩》十卷」。而《宋秘書省續編到四庫闕書目》卷二《小說類》云：「孫光憲撰《紀遇錄》二卷。」疑《紀遇錄》即《紀遇詩》，前者為其他書目所不載。

另，《五代詩話》卷七《荊南·孫光憲》云：「王右丞詩『楊花惹暮春』，李長吉詩『古竹老梢惹碧雲』，溫庭筠『暖香惹夢鴛鴦錦』，孫光憲『六宮眉黛惹春愁』，用惹字凡四句，皆絕妙。」又載：「孫光憲《竹枝詞》云：『門前春水白蘋花。岸上無人小艇斜。商女經過江欲暮，閒拋殘食飼神鴉。』」又「亂繩寸結絆人深，越蘿萬丈表長尋。楊柳在身垂意緒，藕花落盡見蓮心。」

需要提及的是，孫光憲工於詩文，尤其是在詩歌創作上深得時人推許，如齊己《寄荊幕孫郎中》即稱其「詩工鑿破清求妙」「四座共推操檄健」，由此不難窺見齊己對其詩作的嘉許。但孫光憲的詩文集全都散佚，無一幸存於世。

據有學者統計，孫光憲的詩文現僅存絕句一首，散文兩篇和句一聯。〔註41〕今人陳尚君先生從《輿地紀勝》卷六十四《荊湖北路·江陵府上》輯

〔註41〕《孫光憲與〈北夢瑣言〉研究》，第86頁。

出《荊臺》詩，其文曰：「百尺荊臺草徑荒，如何前日謂雲陽？古今不盡遷移恨，依舊臺邊水渺茫。」後收入《全唐詩續拾》卷五十。〔註42〕至於散文則為《北夢瑣言序》和《白蓮集序》，後者見於《白蓮集》與《全唐文》卷九百。此外，《北夢瑣言》卷七《洞庭湖詩附李洞包賀盧廷讓顧況》載：「僕早歲嘗和南越詩云：『曉廚烹淡菜，春杼織橦花。』牛翰林覽而絕倒，莫喻其旨。牛公曰：『吾子只知名，安知淡菜非雅物也。』後方曉之。」清人彭定求編《全唐詩》已將其收入。

然而，《全唐詩》亦有誤收孫光憲詩作之處。如卷八百七十一所載《引自落便宜句》：「窗下有時留客宿，室中無事伴僧眠。」實際上，此詩並非孫光憲所作，《北夢瑣言》卷七《洞庭湖詩附李洞包賀盧廷讓顧況》明確記載：「世傳逸詩云：『窗下有時留客宿，室中無事伴僧眠。』號曰『自落便宜詩』。」據此可此，此句係出自《自落便宜詩》，而且為「世傳逸詩」中的兩句，孫光憲《北夢瑣言》上述文字對此已有清晰說明，故而將之收入《全唐詩》，明顯有誤。

今有學者認為，《中國文學家大辭典·唐五代卷》「孫光憲」條所言：「《花間集》選錄其詞六十首，《尊前集》亦錄二十三首。……其詩今存八首及斷句二聯，見《全唐詩》卷七百六十二、八百七十一。」亦有明顯失誤，並不可取。與之相類似的是，今人主編的《全宋詩》亦沿襲上述錯誤，收入上述八首詩和二聯斷句，顯然是以訛傳訛，同樣疏於考訂，不足為訓。〔註43〕

8.《纂唐賦》，一卷，孫光憲撰

《宋紹興秘書省續編到四庫闕書目》卷二《集類·別集》著錄「（孫光憲）《纂唐賦》一卷」。該書僅見著錄於此，未見於其他官私目錄，相關情形難以瞭解，但至遲在南宋前期並未散佚，仍有保存，具體亡佚於何時，現已無法確知。

9.《樂府歌集》，不詳，孫光憲撰

此集未著錄於官私書目，或並未結集行世。〔註44〕孫光憲撰寫此集的說法，源於齊己《白蓮集》卷十《謝荊幕孫郎中見示〈樂府歌集〉二十八字》所云：「長吉才狂太白顛，二公文陣勢橫前。誰言後代無高手，奪得秦皇鞭鬼鞭。」據詩題中「孫郎中見示《樂府歌集》」之說，似可推知孫光憲曾創作樂府詩，

〔註42〕陳尚君輯校：《全唐詩補編》，中華書局1992年版，第1507頁。
〔註43〕《孫光憲與〈北夢瑣言〉研究》，第87頁。
〔註44〕《孫光憲與〈北夢瑣言〉研究》，第85頁。

作品風格則類似於李賀、李白。但據此而斷定孫光憲曾撰《樂府歌集》，或稍嫌牽強。

10.《杜甫集》，二十卷，孫光憲編

此一說法來自於宋人王洙的《杜工部集序》，其曾編纂《杜工部集》，內中的詩作主要來自於九種《杜甫集》，王洙曾對編書經過有所說明：

> 《甫集》初六十卷，今秘府舊藏，通人家所有稱大小集者，皆亡逸之餘，人自編摭，非當時次第矣。蒐裒中外書，凡九十九卷（原注：古本二卷，蜀本二十卷，《集略》十五卷，樊晃序《小集》六卷，孫光憲序二十卷，鄭文寶序《少陵集》二十卷，別題《小集》二卷，孫僅一卷，雜編三卷）。除其重複，定取千四百有五篇，凡古詩三百九十有九，近體千有六，起太平時，終湖南所作，視居行之次與歲時為先後，分十八卷。又別錄賦筆、雜著二十九篇為二卷，合二十卷。〔註45〕

據此而論，孫光憲曾編輯《杜工部集》二十卷，並為之作序，即「孫光憲序」。在分析上述記載的基礎上，有學者指出，「所謂舊蜀本，或即王洙所據本，疑出於五代時前後蜀所刊行」，而孫序本「當為其在荊南時序行」〔註46〕。另有學者認為，「孫序本可能是孫光憲在蜀本的基礎上，多方搜集杜甫詩作，並加以整理、編輯而成。從王洙特意標出孫光憲序本，可知此本有著一定的價值」〔註47〕。此說不無道理，或許較為接近孫光憲編撰《杜甫集》的淵源。而在眾多杜集中，能被王洙再次編纂時選為搜集杜詩的重要對象，當然反映出孫光憲所編杜集的價值。

至於書名或應稱作《杜甫集》，而不當作《杜甫集序》，後者係孫光憲編輯杜集時所作序言，而其實際上曾對杜甫作品做過搜集、彙編的工作，由此而形成的文稿，自然就是《杜甫集》，故題為「《杜甫集》，二十卷，孫光憲編」。

11.《荊臺備稿》，不詳，孫光憲撰

劉毓盤《唐五代宋遼金元名家詞集六十種輯》收錄有孫光憲《荊臺備

〔註45〕（宋）王洙：《杜工部集序》，載（唐）杜甫撰，（清）仇兆鰲注：《杜詩詳注》卷25，文淵閣四庫全書本，第1070冊，臺灣商務印書館1986年版，第988～989頁。

〔註46〕陳尚君：《杜詩早期流傳考》，載氏著《唐代文學叢考》，第307、311頁。

〔註47〕《孫光憲與〈北夢瑣言〉研究》，第86頁。

稿》，但並無卷數。劉毓盤曾敘述獲得此書的經過，其跋曰：「乙酉春，過黃文恪公家，見所藏《荆臺備稿》一冊，無序目，為鼠齒所餘，古色盡然，字皆完好，宋本也。」但對於《荆臺備稿》為宋刻本的說法，今人趙萬里有所質疑。〔註48〕陳尚君先生則完全否認上述意見，並從下述三方面給予反駁：

> 今未詳此本存何處，然就劉氏所刊，頗有可疑處。書名不見宋人著錄，但顯為據《荆臺》、《筆備》二集名拼合而成，此其一。今存光憲詞凡八十四闋，六十一闋見《花間集》，二十三闋見《尊前集》。此冊所收，恰合此數，似為取二集所收詞而成，似非宋人之舊，此其二。此冊中詞，異文誤字較多，用義極少，此其三。疑此冊為後人所輯，非宋時原刻。〔註49〕

此段文字從文集名稱、所收詞數及文字異同方面入手，對《荆臺備稿》做了較為深入細緻的分析，其結論「為後人所輯，非宋時原刻」，當可信從。依此而言，《荆臺備稿》並非孫光憲著述，此稿當係後人彙集其詞作而成，故而此書不當歸入孫光憲著述。

12.《白蓮集》，三十卷，僧齊己撰

孫光憲《白蓮集序》稱：「編就八百一十篇，勒成十一卷，題曰《白蓮集》。」《五代史補》卷三《僧齊己》載：「有詩八百首，孫光憲序之，號曰《白蓮集》，行於世。」《十國春秋》卷一百三《荆南四·僧齊己》載：「有詩八百首，孫光憲序之，命曰《白蓮集》。」可知，僧齊己所寫詩歌，經孫光憲勒成編次，結為一集，並名之曰《白蓮集》。

該書廣泛著錄於各種官私書目，如《崇文總目》卷十二《別集三》：「《白蓮集》十卷（闕）。」《直齋書錄解題》卷十九《詩集類上》：「《白蓮集》十卷。唐僧齊己撰。長沙胡氏。」《宋秘書省續編到四庫闕收目》卷一《集類·別集》著錄「《白蓮集》三十卷」，又葉德輝按曰：「《宋史》同《陳錄》詩集類十卷。」《宋紹興秘書省續編到四庫闕書目》卷二《集類·別集》著錄「《白蓮集》三十卷」，又葉德輝按曰：「《宋志》同《陳錄》詩集類三十卷。」《通志》卷七十《藝文略第八·別集四·別集詩》著錄「《白蓮集》十卷，齊己」。《文獻通考》卷二百四十三《經籍考七十·集·詩集》：「《白蓮集》一卷。陳氏曰：唐僧齊

〔註48〕趙萬里：《校輯宋金元人詞·唐五代宋遼金元名家詞輯提要》，載施蟄存主編：《詞籍序跋萃編》，中國社會科學出版社1994年版，第741頁。

〔註49〕《唐代文學叢考》，第409頁。

己撰。長沙胡氏。」

另，《五代詩話》卷八《緇流‧可隆》載：「僧可隆善詩歌，從誨閱其卷，有《觀棋》句云：『萬般思後行，一失廢前功。』從誨謂曰：吾師此詩，必因事而得。隆答曰：某本姓慕容，與桑維翰同學，少負志氣，多忤維翰。維翰登第，以至入相，某猶在場屋，頻年敗衄，皆維翰所挫也，因削髮為僧。其句實感前事而露意焉。從誨識鑒，皆此類也。」

（二）總集類

1.《續正聲集》，五卷，王貞範輯

《通志》卷七十《藝文略第八‧詩總集》云：「《續正聲集》，五卷。（後唐王貞範集。）」《唐音癸籤》卷三十一《集錄二》「《續正聲集》」注云：「後唐王貞範編，五卷。」該書係「五代人選唐詩」之一，具有一定的社會影響。但因此書久已散佚，所選唐詩的具體內容已不得而知。

（三）詩文評類

1.《風騷旨格》，一卷，齊己撰

《直齋書錄解題》卷二十二《文史類》：「《風騷指格》一卷，唐僧齊己撰。」又《唐音癸籤》卷三十二《集錄三》：「《風騷指格》一卷……僧齊己撰。」兩種書目均將此書記作《風騷指格》。《文獻通考》卷二百四十九《經籍考七六》亦稱：「《風騷指格》一卷。陳氏曰：唐僧齊己撰。」但《永樂大典》卷九百九引《文獻通考》作《風騷詩格》，明顯有誤，當作《風騷指格》。值得注意的是，《風騷指格》並未見載於宋志，而《宋史》卷二百九《藝文志八》稱：「僧齊己《玄機分明要覽》一卷，又《詩格》一卷。」兩書或為同一書，可能只是名稱有所差異。

此外，該書在後世有一定影響，總體評價較高，但亦不乏批評之聲，其書名則通常作《風騷旨格》。清人薛雪《一瓢詩話》評論道：「唐釋齊己作《風騷旨格》，六詩、六義、十體、十勢、二十式、四十門、六斷、三格，皆繫以詩，不減司空表聖。」意謂齊己此作可與司空圖的《二十四詩品》媲美，在詩歌的品評上自有獨到之處。不過，針對原書中的「十勢」說法，後人多不認同，如宋蔡啟《蔡寬夫詩話》即稱：「唐末五代，俗流以詩自名者，多好妄立格法，取前人詩句為例，議論鋒出，甚有師子跳擲、毒龍顧尾等勢，覽之每使人拊掌不已。」明許學夷《詩源辨體》的批評更為直接：「齊己有《風騷旨格》，

虛中有《流類手鑒》，文〔神〕或亦有《詩格》。齊己『十勢』之說仿於皎然，虛中仿於《二南密旨》，文〔神〕或『十勢』又仿於齊己。大抵皆穿鑿淺稚，互相剽竊。」即便較為推崇《風騷旨格》的薛雪亦對「十勢」之說有所指謫：「獨是十勢，立名最惡，宛然少林棍譜，暇日當為易去乃妙。」但不可否認的是，「十勢」之說的影響卻相當深遠，不可小視，正如學者所說：「神或《詩格》亦有『十勢』，其中『五勢』出自齊己；徐寅《雅道機要》列『八勢』，亦因襲齊己；佚名《詩評》中『詩有四勢』節，實從齊己『十勢』節稍加變化而來。」〔註50〕

2.《詩格》，一卷，齊己撰

《宋史》卷二百九《藝文志八》：「（僧齊己）《詩格》一卷。」又《唐才子傳》卷九《齊己傳》：「又撰《詩格》一卷。」此書僅在上述記載中有所顯示，疑與《風騷指格》為同一書。

3.《玄機分明（別）要覽》，一卷，齊己撰

《宋史》卷二百九《藝文志八》：「僧齊己《玄機分明要覽》一卷。」又《唐才子傳》卷九《齊己傳》：「嘗撰《玄機分別要覽》一卷，摭古人詩聯，以類分次，仍別風、賦、比、興、雅、頌。」《唐音癸籤》卷三十二《集錄三》：「《玄機分明要覽》一卷，《風騷旨格》一卷，並僧齊己撰。」今有學者通過對比指出，「今觀是書（《風騷旨格》），亦摭古人詩聯，分風、雅、頌、比、興諸類，與《才子傳》所記《玄機分別要覽》同，疑《要覽》實即《風騷旨格》，或一書而二名。」據清人薛雪《一瓢詩話》的記載，《風騷旨格》包括六詩、六義、十體、十勢、二十式、四十門、六斷、三格等內容，其中的《詩有六義》的分類方式，即以風、賦、比、興、雅頌為標準，並且採摭了古人詩聯。〔註51〕鑒於此種分類方式是詩格類著作的通行做法，僅僅據此斷定兩者為一書，或稍嫌牽強。此外，上述分類僅在《詩有六義》中有所體現，而在其他部分並非如此。故而，似仍應將兩者視為不同之書，似不存在名異而實同的問題。

〔註50〕張伯偉：《全唐五代詩格匯考》，鳳凰出版社2002年版，第398頁。

〔註51〕《全唐五代詩格匯考》，第400～401頁。

《五代史闕文》管窺

　　北宋初年，整理五代舊事蔚為風氣，《五代會要》《五代通錄》《五代史》等官私著述相繼問世，惜皆有漏略，史載不完。時耆舊高年口述自梁迄周之傳聞而不載史筆者，間亦有之。專門採摭故實，旁貫異聞，以增補前言往事之史著，由此而迭有所見，王禹偁《五代史闕文》（以下簡稱《闕文》）是為同類先驅，其中翹楚。此書僅一卷，凡十七事，即「梁史三事，後唐史七事，晉史一事，漢史二事，周史四事」〔註1〕，文淵閣四庫全書本之正文、附注合3976字。因《闕文》所錄史事皆不載於《五代實錄》，故雖篇帙不大，史料價值卻彌足珍貴，向為史家推崇。然稍有缺憾者，是著之撰寫時間、著錄流別，學界至今仍無定論；相關記述，又多有謬誤；至於史料價值之掘發，亦言有未盡。凡此種種，皆有待澄清、辨識與深究，以期有裨於該書之使用與評價。茲不揣譾陋，略就上述數端敷陳鄙見如次，以就教於博識通人。

一、成書時間之推斷

　　《闕文》有自序，但未著年月，其文末題為「宋翰林學士王禹偁撰進」，結銜「翰林學士」。據此，四庫館臣以為：「其結銜稱翰林學士，則作於真宗之初。」其前又稱：「考書中周世宗遣使諭王峻一條，自注云：使即故商州團練使羅〔翟〕守素也。嘗與臣言以下事蹟。是在由左司諫謫商州團練副使以後。」〔註2〕即該書首撰於謫商州團練副使期間，定稿於禹偁任翰林學士之際，時在

〔註1〕（清）永瑢等：《四庫全書總目》卷51《史部七‧雜史類》，中華書局影印本1965年版，第464頁。
〔註2〕《四庫全書總目》卷51《史部七‧雜史類》，第464頁。

真宗之初。揆諸史載，禹偁謫商州團練副使，事在淳化二年（991），「九月戊戌，王禹偁等始免官」〔註3〕。至淳化四年（993）因南郊大禮，隨例量移解州團練副使，所謂「夏四月，自（商州）移於解梁」〔註4〕。拜翰林學士，則在至道元年（995）正月下旬。其在當年六月三日抵滁州後之上表，即有「今春召自西垣，入叨內署」〔註5〕之語可證。是年五月，「禹偁坐輕肆，罷為工部郎中、知滁州」〔註6〕。故其任翰林學士前後通計僅五個月而已，如其自謂「在內庭果百日而罷」〔註7〕。而至道元年係太宗最後一個年號之首年，真宗即位於至道三年（997）三月，故以「結銜稱翰林學士」而繫時於真宗之初，明顯不確。

　　四庫館臣雖於禹偁任翰林學士之繫時有所失察，但以序末結銜而推測成書時間，似不為無據。依此而論，《闕文》約為王禹偁於至道初任翰林學士時作。〔註8〕且《闕文》「廣王全昱」條有「至道初，知單州有稱廣王之後與尼訟田宅者」云云，似亦為旁證之一。然結銜說僅從表象立論，猶有商榷餘地。史載：禹偁為人剛直，仕途坎坷，曾「三坐左官，皆以直道」；又因長於文學，辭誥純深，竟「前後三值西掖，一入翰林」〔註9〕。而至道元年正月，除拜翰林學士，係王禹偁官宦生涯之巔峰。以之結銜，合乎情理，但未必為《闕文》著述時間。古人著書，此種結銜方式，亦為常態。其後學人乃至習以為稱，如《清波雜志》卷十二「范文正復姓」條曰：「大中祥符五年（1012），潯陽陶岳作《五代史補》百餘條，蓋補王元之內相《五代史闕文》未備者。」所謂「內相」即「翰林學士」之別稱。《直齋書錄解題》卷五《雜史類》著錄：「《五代史闕文》一卷，翰林學士巨野王禹偁元之撰。」徑稱「翰林學士」。是即可知，「翰林學士」之結銜，無非以仕途最為顯赫之職銜署識而已，殆相沿已久之

〔註3〕（宋）李燾：《續資治通鑑長編》卷32，淳化二年八月己卯附注，中華書局點校本2004年版，第719頁。

〔註4〕（宋）王禹偁：《小畜外集》卷7《鹽池十八韻並序》，四部叢刊初編本。《王黃州小畜集》卷9《量移後自嘲》、《量移自解》、《出商州有感》等有類似說法，四部叢刊初編本，第133冊，上海書店影印本1989年版。

〔註5〕《王黃州小畜集》卷21《滁州謝上表》。

〔註6〕《續資治通鑑長編》卷37，至道元年五月甲寅，第813頁。

〔註7〕《王黃州小畜集》卷18《答鄭褒書》。

〔註8〕顧薇薇：《五代史闕文·校點說明》，五代史書彙編本，第4冊，杭州出版社點校本2004年版，第2443頁。

〔註9〕（宋）蘇頌：《蘇魏公文集》卷66《小畜外集序》，中華書局點校本1988年版，第1009、1010頁。

慣例，與成書時間並無必然聯繫，故以此為據斷定此書成於至道元年，恐不足憑信。

其實，上世紀 70 年代，徐規先生即曾指出，直東觀期間，禹偁曾閱《五代史》（即《五代實錄》）360 卷，為其後咸平年間謫官黃州時撰著《五代史闕文》奠定基礎。〔註 10〕《小畜集》卷四《懷賢詩》序即稱：「僕直東觀時，閱《五代史》，見近朝名賢立功立事者聳慕不已。」禹偁直東觀，始於端拱元年（988）正月拜右拾遺、直史館，〔註 11〕終於次年三月拜左司諫、知制誥。〔註 12〕徐先生大著並未就此申論，然翻檢相關記載，足證其說不誣。

現存最早言及《闕文》者，見諸蘇頌《小畜外集序》，其中有云：「公之稿，晚年手自編綴，集為三十卷，命名《小畜》，蓋取《易》之懿文德而欲己之集大成也。《後集詩》三卷，《奏議集》三卷，《承明集》十卷，《五代史闕文》一卷，並行於世。」〔註 13〕據此，《闕文》成書或大約與《小畜集》同時。禹偁《小畜集序》則稱：「咸平二年（999），守本官（刑部郎中）知齊安郡，年四十有六，發白目昏，居常多病，大懼沒世而名不稱矣。因閱平生所為文，散失焚棄之外，類而第之，得三十卷……集曰『小畜』。」其末署時「咸平三年（1000）十二月晦日」。是知出守黃州後，禹偁即已手編纂昔日舊作，至咸平三年十二月，勒成《小畜集》三十卷；次年，即咸平四年五月，禹偁卒，年四十八，故其「年四十有六」而知齊安郡，蘇頌稱之為「晚年」，當得其實。再結合以上蘇頌所述而論，則《闕文》或應撰成於咸平三年前後的知黃州任上，此論與徐先生關於《闕文》成書時間之判斷正相吻合。

上述說法，在《闕文》中有所印證，「王樸」條載有禹偁「臣聞重修《太祖實錄》，已於李穀傳中見樸遺事，今復補其大者」〔註 14〕之語，其間所言「重修《太祖實錄》」，與成書時間關聯至密，殊值留意。據相關記載可知，《太祖

〔註 10〕徐規先生：《王禹偁事蹟著作編年》，商務印書館 2003 年版，第 86 頁。
〔註 11〕《續資治通鑒長編》卷 29，端拱元年正月丙寅，第 646 頁。
〔註 12〕（宋）曾鞏撰，王瑞來校證：《隆平集校證》卷 13《侍從·王禹偁》載：「端拱二年，廷試貢士，詔使作歌，援筆立就。太宗謂宰相曰：『此歌不踰月遍天下矣。』以左司諫知制誥。」中華書局 2012 年版，第 370 頁。
〔註 13〕《蘇魏公文集》卷 66《小畜外集序》，第 1010～1011 頁。
〔註 14〕（宋）王禹偁：《五代史闕文》「王樸」條，五代史書彙編本，第 4 冊，杭州出版社點校本 2004 年版，第 2460 頁。

實錄》自太平興國（976～983）迄大中祥符（1008～1016）凡四修，成書三部。〔註15〕其中之再修，史臣僅於淳化五年（994）上《太祖紀》一卷，「其書未成」〔註16〕。三修始於咸平元年（998）九月己巳（十三日），迄於次年六月丁巳。四修起於真宗大中祥符九年（1016）二月，終於天禧元年（1017）。咸平四年（1001）五月，禹偁辭世，故其所謂「重修《太祖實錄》」，當是三修無疑，絕無可能是四修。《宋史‧真宗紀一》明確記載：「（咸平元年）九月己巳詔呂端、錢若水重修《太祖實錄》。」南宋孝宗乾道（1165～1173）年間晁公武亦言：「咸平中，真宗以前錄漏略，詔錢若水、王禹偁、李宗諤、梁顥、趙安仁重加刊修，呂端監修。」〔註17〕其間「重修」「重加刊修」，均指咸平年間《太祖實錄》之撰修。雖則禹偁曾參預此次重修，並於成書之際，特授朝請大夫，賜絹五十匹，銀五十兩。〔註18〕然咸平二年（999）閏三月，禹偁出守黃州，以是未睹完帙，「臣聞」之語，即此之謂。藉此而言，《闕文》撰畢，當在咸平年間禹偁知黃州任上。並且，若依上文四庫館臣將成書時間定為至道初翰林學士任上之說法，則「臣聞重修《太祖實錄》」之語，殊不可解。畢竟至道初年，僅有《太祖實錄》初修本，二修並未成書，所謂「重修」尚無從談起，其後直至真宗咸平初年，方始啟動《太祖實錄》之重修。因此，綜合以上相關記載與分析，可知徐先生將此書撰寫時間定為禹偁知黃州之咸平二年以後，足資相信。

　　當然，因《闕文》重在補綴史事，內容取資於耆舊故老之傳聞，而此類坊間所言絕非一時即可採擷無遺，大抵需數年方可匯而聚之。《闕文》自序即稱：淳化二年九月至四年四月，謫任商州團練副使期間，商州團練使羅〔翟〕守素，曾語及「周世宗遣使諭王峻」一事，實為禹偁搜集舊事之例證。咸平二年謫守黃州後，著者始將昔時所得五代之傳聞匯為一編，並勒定書名。藉此而論，《闕文》從收集材料至成書歷時數年，定稿則在著者晚年知黃州任上。

〔註15〕蔡崇榜：《北宋〈太祖實錄〉纂修考析》，載《徐中舒先生九十壽辰紀念文集》，巴蜀書社1990年版，第301頁。燕永成《〈宋太祖實錄〉探微》，《史學史研究》2008年第4期。

〔註16〕《續資治通鑑長編》卷43，咸平元年九月，第916頁。

〔註17〕（宋）晁公武撰，孫猛校證：《郡齋讀書志校證》卷6《實錄類》，上海古籍出版社1990年版，第227頁。

〔註18〕《王黃州小畜集》卷22《謝加朝請大夫表》。

二、史料價值之分析

《闕文》係補輯《五代實錄》之作，禹偁自序即稱：

> 臣讀《五代史》總三百六十卷，記五十三年行事，其書固亦多矣。然自梁至周君臣事蹟，傳於人口而不載史筆者，往往有之，或史氏避嫌，或簡牘漏略，不有紀述，漸成泯滅，善惡鑒戒，豈不廢乎！因補一十七篇，集為一卷，皆聞於耆老者也。孔子曰：『吾述而不作。』又曰：『我猶及史之闕文。』此其義也。

其間所言《五代史》並非宋初薛居正等撰修《五代史》，實乃《五代實錄》。《闕文》明確言及《五代實錄》者，有《梁祖實錄》《莊宗實錄》《明宗實錄》《漢祖實錄》《漢隱帝實錄》與《周祖實錄》6種。另外，間接提及《五代實錄》者亦有多處，如「廣王全昱」條之《梁史·廣王全昱傳》；「司空圖」條之注云「以上《梁史》舊文」，正文「故《梁史》指圖小瑕」；「張全義」條，「《梁史》稱」，「《梁史》云云者」。因五代諸朝並未纂修國史，故上述所言《梁史》，皆指《後梁太祖實錄》。

上引《闕文》序，禹偁開宗明義，表明撰述旨趣在於，「猶及史之闕文」，所記皆「傳於人口而不載史筆者」。而且，書中數條涉及《實錄》不載相關史事原因之分析，尤以避諱為多。如①「梁太祖」條曰：「均王朝詔史臣修《梁祖實錄》，岐下繫輈之事，恥而不書。」②「張承業」條曰：「《莊宗實錄》敘承業諫即位事甚詳，惟『我王自取』之言不書，史官諱之也。」③「安重誨」條曰：「《明宗實錄》是清泰帝朝修撰，潞王即清泰帝也。史臣避諱，不敢直書。」④「王淑妃許王從益」條曰：「詔史臣修《漢祖實錄》，敘淑妃、從益傳，但云『臨刑之日，焚香俟命』，蓋諱之耳。」⑤「劉銖」條曰：「周世宗朝史官修《漢隱帝實錄》，銖之忠言，諱而不載。」⑥「周太祖馮道」條曰：「臣謹按，周世宗朝，詔史臣修《周祖實錄》，故道之事，所宜諱矣。」此外，「廣王全昱」條載：「臣謹按《梁史·廣王全昱傳》曰：昱樸野，常呼帝為『三』。宮中博戲之事諱之。」亦屬史臣避諱而不書之類。其餘諸條，或事涉譏諱，或畏於時忌等，史臣皆未有記載。

《闕文》所載，「皆聞於耆老」，而不見於《五代實錄》三百六十卷，但其間史事，大體真實可靠。如「廣王全昱」條載：

> 全昱，梁祖之兄也。既受禪，宮中開燕，惟親王得與。因為博戲，全昱酒酣，忽取骰子擊盆迸散，大呼梁祖曰：「朱三，汝碭山一

民，因天下饑荒，入黃巢作賊，天子用汝為四鎮節度使，富貴足矣，
何故滅他李家三百年社稷，稱王稱朕，我不忍見汝血吾族矣，安用
博為！」梁祖不悅而罷。

《資治通鑑考異》卷二十八引王仁裕《玉堂閒話》曰：

> 骰子數擲，廣王全昱忽駐不擲，顧而白梁祖，再呼「朱三」，梁
> 祖動容。廣王曰：「你受它爾許大官職，久遠家族得安否？」於是大
> 怒，擲戲具於階下，抵其盆而碎之，喑嗚眥睚，數日不止。

兩相比照，雖言語略有差異，但事實並無太大出入。由此一例，概可推
知《闕文》記載之可信。唯因如此，後世史家頗為推崇《闕文》之史料價值。
清人王士禎嘗道：

> 王元之《五代史闕文》，僅一卷，而辨正精嚴，足正史官之謬。
> 如辨司空圖「清直大節」一段，尤萬古公論所繫，非眇小也。如敍
> 莊宗「三矢告廟」一段，文字淋漓慷慨，足為武皇父子寫生。歐陽
> 《五代史·伶官傳》全用之，遂成絕調。惟以張全義為亂世賊臣，
> 深合《春秋》之義，而歐陽不取，於《全義傳》略無貶詞，蓋即舊
> 《史》以成文耳。終當以元之為定論也。〔註19〕

四庫館臣亦有如下評論：

> 今考《五代史》，於朱全昱、張承業、王淑妃、許王從益、周世
> 宗、符皇后諸條，亦多采此書。而《新唐書·司空圖傳》即全據禹
> 偁之說，則雖篇帙寥寥，當時固以信史視之矣。〔註20〕

清代學者之於《闕文》評價之高，藉此可見一斑。不過，王士禎、四庫館臣所
言《五代史》，則指歐陽修《五代史記》，亦即《新五代史》（以下簡稱《新史》）。
蓋因薛《史》湮沒已久，罕有流傳，世人竟以《五代史》專稱歐《史》，迄至
開修四庫，館臣邵晉涵方始從《永樂大典》輯出薛《史》，是為輯本《舊五代
史》（以下簡稱《舊史》）。

　　誠如上引清人記載所述，《新史》採自《闕文》處甚多，然列舉仍有遺漏。

〔註19〕（清）王士禎：《香祖筆記》卷4，上海古籍出版社點校本1982年版，第81
　　　　～82頁。

〔註20〕《四庫全書總目》卷51《史部七·雜史類》，第464頁。按同書卷46《史部
　　　　二·正史類二》言：「《五代史補》、《五代史闕文》亦增益於本書之外。如斯
　　　　之類，則均入別史焉。」第416頁。據此，則《五代史闕文》當歸入別史。
　　　　前後不同，附識於此。

今有學者於此有詳細梳理，並表識之。〔註21〕此外，輯本《舊史》相關記載亦以附注形式引用《闕文》，茲一併表之如下。

表 1　《新史》引用、輯本《舊史》附注《闕文》一覽表

《闕文》		《新史》引用	輯本《舊史》附注
梁史	梁太祖	卷 21《梁臣傳·敬翔傳》	卷 7《梁書·梁祖紀七》
	廣王全昱	卷 13《梁家人傳·廣王全昱》	卷 12《梁書·宗室列傳二·廣王全昱傳》；同卷《邵王友誨傳》
	司空圖		卷 60《唐書·李敬義傳》
唐史	武皇	卷 5《唐本紀·莊宗下》	卷 26《唐書·武皇紀下》
	莊宗		卷 34《唐書·莊宗紀八》
	張承業	卷 38《宦者傳·張承業》	卷 72《唐書·張承業傳》
	張全義		卷 63《唐書·張全義傳》
	明宗	卷 6《唐本紀·明宗》	卷 44《唐書·明宗紀十》
	安重誨	卷 24《唐臣傳·安重誨》	卷 66《唐書·安重誨傳》
	清泰帝		卷 48《唐書·末帝紀下》
晉史	晉高祖		卷 80《晉書·高祖紀六》
漢史	王淑妃許王從益	卷 15《唐明宗家人傳·淑妃王氏》	卷 51《唐書·宗室列傳三·許王從益傳》
	劉銖	卷 30《漢臣傳·劉銖》	卷 107《漢書·劉銖傳》
周史	周太祖馮道	卷 52《雜傳·李守貞》；卷 54《雜傳·馮道》	卷 113《周書·太祖紀》
	王峻	卷 50《雜傳·王峻》	卷 130《周書·王峻傳》
	世宗符皇后	卷 20《周世宗家人傳·皇后符氏》	卷 109《漢書·李守貞傳》
	王樸		卷 128《周書·王樸傳》

〔註21〕 張明華：《新五代史研究》，中國社會科學出版社 2007 年版，第 72 頁。按，是著表 3-2，偶有訛誤。如《宦官傳·張承業傳》，「宦官傳」當為「宦者傳」；《唐明宗家人傳·王淑妃》，「王淑妃」當為「淑妃王氏」。至於《闕文》「張全義」條，所對應《新史》當為「卷四五，《雜傳·張全義傳》」。清人王士禎《香祖筆記》卷 2 明言此條為「歐陽不取，於《全義傳》略無貶詞，蓋即舊《史》以成文耳」。是則《新史》不取《闕文》所載，而從《莊宗實錄》之記載。《闕文》「張全義」條即云：「臣讀《莊宗實錄》，見史官敘《全義傳》，虛美尤甚，至今負俗無識之士，尚以全義為名臣，故因補闕文，粗論事蹟云。」

　　據表可知，《新史》引用《闕文》計 11 條。除「司空圖」條入《新唐書‧司空圖傳》外，尚有 5 條為《新史》不取。其間原因各異，大抵「莊宗」條、「晉高祖」條語涉讖緯；「張全義」條則因歐氏於全義「略無貶詞」，故「即舊《史》以成文」〔註 22〕；「王樸」條諱於太祖。至於「清泰帝」條見棄於《新史‧唐本紀‧廢帝》，或緣於歐氏不予相信。而《舊史》係輯本，並非原帙，附注《闕文》各條，旨在增益舊事，比勘異同。

　　《新史》大量引用《闕文》，輯本《舊史》附注《闕文》全文，足以說明《闕文》史料價值之高，其原因則在於《闕文》所載不見於《五代實錄》。而後者乃纂修、考訂五代史之基本史源，《舊史》與《新史》均以之為基本史料，「薛《史》更是以《實錄》為藍本」〔註 23〕。但《五代實錄》360 卷，編修之際，或因時忌，或因避諱，史臣於相關事蹟往往闕而不書，而此類行事卻以口耳相傳於世間，其中雖不乏異辭虛誇，卻因源頭蓋出於親歷者之口述，跡近真實者不在少數；再者，《舊史》《新史》僅為一百五十卷和七十四卷，遠不如《五代實錄》之卷帙，是知二者纂修之時，刪削者多，存之者少。而《闕文》所載，超出於《五代實錄》之外，對於補益舊事，質正史實，自是大有裨益。歐陽修及四庫館臣於此有清晰認識，故大量引用或附注《闕文》全文，《闕文》之史料價值亦因此而彰顯。

三、書籍流別之探討

　　關於是書之著錄流別，各種目錄多有歧異。一是雜史類，如《通志》卷六五《藝文略三‧史類五‧雜史》錄有「《闕文》一卷」；又《郡齋讀書志校證》（以下簡稱《讀書志》）卷六《雜史類》（袁本前志卷二上《雜史類》）：《闕文》一卷，右皇朝王禹偁撰。錄五代史筆避嫌漏略者，以備闕文，凡一十七事。又《遂初堂書目》亦將《闕文》歸入雜史類。又《直齋書錄解題》（以下簡稱《解題》）卷五《雜史類》：《闕文》一卷，翰林學士巨野王禹偁元之撰。又《玉海》卷四十七《藝文‧雜史》稱：「王禹偁進《闕文》一卷，凡十七篇。」《四庫全書總目》（以下簡稱《總目》）卷五十一《史部七‧雜史類》錄有《闕

〔註 22〕《四庫全書總目》卷 51《史部七‧雜史類》，第 464 頁。按同書卷 46《史部二‧正史類二》言：「《五代史補》、《五代史闕文》亦增益於本書之外。如斯之類，則均入別史焉。」（第 416 頁）據此，則《五代史闕文》當歸入別史。前後不同，附識於此。

〔註 23〕郭武雄：《五代史料探源‧前言》，臺灣商務印書館 1987 年版。

文》。二是傳記類，如《文獻通考》（以下簡稱《通考》）卷一百九十六《經籍二十三·史·傳記》過錄晁氏《讀書志》：《闕文》一卷，皇朝王禹偁撰錄五代史筆避嫌漏略者，以備闕文，凡一十七事。三是別史類，如《宋史》卷二百三《藝文志二·別史類》：王禹偁《闕文》二〔一〕卷。

上述目錄著錄《闕文》流別之差異，實則基於目錄編纂者對於書籍內容理解之不同，故而分析《闕文》文本，釐清逐條記載性質，是為探討《闕文》流別根本之所在。以下就上述三說分而論之。

首先論雜史之說。雜史作為史書類別之一，淵源於《隋書》卷三十三《經籍志·史志》，雖「體制不經」，「又有委巷之說，迂怪妄誕，真虛莫測」，然「大抵皆帝王之事」，故「通人君子，必博采廣覽，以酌其要」。《舊唐書·經籍志》《新唐書·藝文志》分史部為十三類，第四類即雜史。延及宋代，《通志》《讀書志》《遂初堂書目》《解題》《玉海》等目錄，仍保留雜史一目。所謂「雜史者，正史、編年之外，別為一家。體制不純，事多異聞，言或過實，然藉以質正疑謬，補輯闕遺，後之為史者，有以取資」〔註24〕。《通考》卷一百九十五《經籍考二十二·雜傳》則認為：「蓋雜史，紀、志、編年之屬也，所記者一代或一時之事。」《總目》增史部為十五類，雜史第五，「大抵取其事繫廟堂，語關軍國，或但具一事之始末，非一代之全編；或但述一時之見聞，祇一家之私記，要期遺文舊事，足以存掌故，資考證，備讀史者之參稽云爾」〔註25〕。總括三家之論，可知雜史有如下特點：內容上，以帝王、軍國之事為主體；來源上，取資於傳聞異辭，里巷雜談，故而真偽莫辨；體制上，為例不純，有欠嚴整；作用上，拾遺補闕，訂訛辨誤。

比照雜史之要義，《闕文》之特色則可概括為：①以篇目論，皆以人物為條目名稱，所記或帝王，或皇后，或將相大臣。具體言之，梁史三篇依次為「梁太祖」「廣王全昱」「司空圖」，後唐史七篇依次為「武皇」「莊宗」「張承業」「張全義」「明宗」「安重誨」「清泰帝」，晉史一篇為「晉高祖」，漢史二篇依次為「王淑妃許王從益」「劉銖」，周史四篇依次為「周太祖馮道」「王峻」「世宗符皇后」「王樸」，篇名總計涉及 19 人，而所載稱帝封王者即有梁太祖、廣王全昱、武皇、莊宗、明宗、清泰帝、許王從益、周太祖等 8 人，占總數

〔註24〕（元）馬端臨：《文獻通考》卷 195《經籍考二十二·雜史》引《宋三朝志》，中華書局影印本 1986 年版，考一六四七。
〔註25〕《四庫全書總目》卷 51《史部七·雜史類》，第 460 頁。

42%略強。且每篇均與帝王有關,上述之外,記載所涉五代諸帝尚有漢高祖、漢隱帝、周世宗等。②以內容論,要以帝王言行、軍國大事為主,尤偏重於鼎革易代之際帝王之活動,此類記載多達 14 條,即「梁太祖」條梁太祖迎昭宗於鳳翔,「武皇」條三矢告廟,「莊宗」條中流矢而崩,「張承業」條莊宗將即位於魏州,「張全義條」託跡朱梁,「明宗」條仰天禱祝,「安重誨」條恨不得與官家誅得潞王,「清泰帝」條舉族自焚,「晉高祖」條晉帝即位,「王淑妃許王從益」條漢高祖起軍建號,「劉銖」條周祖自鄴起兵,「周太祖馮道」條周祖自鄴起兵,「王峻」條周祖欲親征,「王樸」條太祖掌禁兵。③以材料來源論,誠如《闕文》序所稱:「皆聞於耆老者也。」「王峻」條注云「使即故商州團練使羅〔翟〕守素也,嘗與臣言以下事蹟」,即為典型例證。④以編纂論,每條大抵以帝王等人物為中心,「所記者一代或一時之事」〔註26〕,各自為篇,彼此孤立,著者僅依朝代先後次序綴集排比各條,勒成一編而已,無從言及體例,自是為例不純。⑤以修撰旨歸論,著者重在補苴罅漏,增益舊事,所謂「猶及史之闕文」〔註27〕。上述諸方面,與「雜史」特點皆相契合,故以《闕文》入雜史類,當無不妥。

其次論傳記之說。傳記之名,脫胎於《隋書‧經籍志》史部之「雜傳」,所記包括先賢、耆舊、孝友、忠節、列藩、良吏、高逸、科錄、家傳、文士、仙靈、高僧、鬼神、列女,乃至道釋之事。《宋三朝藝文志》曰:「傳記之作,蓋史筆之所不及者,方聞之士得以紀述而為勸誡。」又《宋兩朝藝文志》曰:「傳記之作,近世尤盛。其為家者,亦多可稱。採獲削稿,為史所傳。然根據膚淺,好尚偏駁,滯泥一隅,寡通方之用。至孫沖、胡訥收撮益細,而通之於小說。」〔註28〕

《通考‧經籍考》以《闕文》隸傳記類,不同於所過錄《讀書志》以《闕文》入雜史類。其原因或在於《闕文》篇目皆為人物,內容亦偏重於人物言行。或一如鄭樵所言:「古今編書所不能分者五:一曰傳記,二曰雜記,三曰小說,四曰雜史,五曰故事。凡此五類之書,足相紊亂。」〔註29〕客觀而論,傳記之作,以事主生平事蹟為主體,其間不乏佳作,乃至「為史所傳」,但由

〔註26〕《文獻通考》卷195《經籍考二十二‧雜傳》,考一六四七。
〔註27〕(宋)王禹偁:《五代史闕文‧序》,五代史書彙編本,第 4 冊,杭州出版社點校本 2004 年版,第 2447 頁。
〔註28〕以上引文俱見《文獻通考》卷195《經籍考二十二‧雜傳》,考一六四七。
〔註29〕《文獻通考》卷195《經籍考二十二‧霸史偽史》,考一六四八。

於「根據膚淺，好尚偏駁，滯泥一隅，寡通方之用」，故傳記常常淪入小說之流，以荒誕不經、光怪陸離為特色，與無徵不信之史著相去甚遠。《闕文》意在補輯史事，「猶及史之闕文」。唯因《闕文》所載大多真實可靠，故四庫館臣嘗曰：「雖篇帙寥寥，當時固以信史視之矣。」〔註30〕《闕文》與普通傳記之區別，由此不難窺知，以之入傳記類，或有失允當。

最後論別史之說。別史之名，始創於陳振孫《解題》，是著分史部為十六類，曰正史、別史、編年、起居注、詔令、偽史、雜史、典故、職官、儀注、時令、傳記、法令、譜牒、目錄，地理。別史第二，但未詳其義。且「別史類」僅錄《南史》《高氏小史》《唐餘錄史》《古史》《東都事略》《新唐書略》數種，似難以「上不至於正史，下不至於雜史」〔註31〕概括。即使其後《宋史‧藝文志》《千頃堂書目》《總目》《書目答問》均設此目，著錄標準亦未盡一致。

《宋史‧藝文志》（以下簡稱《宋志》）以《闕文》入別史類，應是沿襲陳氏《解題》而致。《宋志》分史部為十三類，曰正史、編年、別史、史鈔、故事、職官、傳記、儀注、刑法、目錄、地理、譜牒，別史第三。尚須注意者，《宋志》無雜史類，就其著錄書籍而言，似有並《解題》之別史與雜史而一體之傾向，雖兩者不盡完全相同，但兼而有之者不在少數，如《解題》別史類下之李延壽《南史》、高峻《小史》、王皥《唐餘錄》、蘇轍《古史》，雜史類下之王禹偁《五代史闕文》、陶岳《五代史補》，均在《宋志》別史類之列。以是，《宋志》以別史類著錄《闕文》實與《解題》隸之於雜史類，一脈相承。其後《總目》雖別史、雜史兩存之，但仍以《闕文》隸雜史。〔註32〕因此，《宋志》別史之說，實與雜史說無異，無煩具論。

四、結語

綜括上述，《闕文》雖自序以「翰林學士」結銜，但實為古人著書相沿已久之慣例，與是著之成書時間並無直接關涉。據《小畜集序》《小畜外集序》所載以及《闕文》內「臣聞重修《太祖實錄》」一語，此書大約勒定於咸平二年至咸平四年禹偁知黃州任上。因其內容取資於耆舊高年之口碑傳聞，並皆

〔註30〕《四庫全書總目》卷51《史部七‧雜史類》，第464頁。
〔註31〕《四庫全書總目》卷50《史部六‧別史類》，第445頁。
〔註32〕按《四庫全書總目》卷46《史部二‧正史類二》言：「《五代史補》《五代史闕文》亦增益於本書之外。如斯之類，則均入別史焉。」第416頁。據此，則《五代史闕文》當歸入別史。前後不同，附識於此。

為《五代實錄》所不載，故史料價值向為史家倚重，《新史》大量引用，《舊史》輯本附注全文，即為明證。至於各家官私目錄之著錄是書，雖有雜史、傳記、別史之種種說法，然以其所載史事而論，終當歸於雜史之列，而與別史、傳記截然有別。

原載於拙編：《張其凡教授榮休紀念文集》，
華中師範大學出版社 2014 年版

陶懋炳著《五代史略》引文正誤^{〔註1〕}

人民出版社 1985 年出版的陶懋炳著《五代史略》，係國內第一部完整的五代史斷代專著，是五代十國史研究領域里程碑式的著作，具有引領後續研究向深入、全面、系統邁進的示範效應，學術價值及影響甚大，多年來備受學人青睞。然著者受制於撰稿時的客觀條件，個別觀點與結論明顯帶有特定時代學風的印記，與時下學界主流認識稍有不同。此外，因其時學術規範的強調，亦與今日有異，是以該著諸多注釋中的引文存在脫漏、衍文、錯訛，或出處有誤等若干問題。筆者承人民出版社之約，近年在增訂是書時，除對有異於當今學界共識的若干觀點，進行力所能及的改正外，又針對注釋中的上述不足，選用目前學界最為常見、通行的各種史籍版本，對其中的引文逐一進行了勘核，本篇即將正誤所得，臚述如下。具體做法為，先以原書章目、頁碼、注釋為序，列其引文；再於按語中，據現行注釋規範，注明朝代、著者、書籍、卷數、卷名、版本、頁次諸項，錄入校正之文，以資對照。囿於篇幅，引文僅舉其有誤者，餘不具引；其所誤者，於引述、按語中加著重號標明，按語中不再另作說明；凡所引書籍在下文中先已標識朝代、著者、版本者，其後從略；標點破讀之誤，亦不擬在此羅列。

一、第一章　唐朝覆滅和後梁、後唐的嬗替

1. 頁 13 注①，《元次山集》卷七，《問進士第三》，引文「開元之際……」

按（唐）元結：《次山集》卷 7《問進士第三》，文淵閣四庫全書本，第 1071

冊，臺灣商務印書館 1986 年版，第 552 頁，原文作「開元天寶之中……」

2. 頁 15 注②，《新唐書》卷六四，《方鎮表序》，引文「喜則連衡以叛上……」

按（宋）歐陽修、宋祁：《新唐書》（下文簡稱《新書》）卷 64，《方鎮一》，中華書局點校本 1975 年版，第 1759 頁，原文作「喜則連衡而叛上……」

3. 頁 17 注①，《舊唐書》卷一八四，《宦官·李輔國傳》，引文「……外事一聽老奴處置」。

按（後晉）劉昫等：《舊唐書》（下文簡稱《舊書》）卷 184《李輔國傳》，中華書局點校本 1975 年版，第 4761 頁，原文作「……外事聽老奴處置」。

4. 頁 17 注②，《資治通鑒》卷二四六，引文「天子不可令閒……」

按，此載當出自（宋）司馬光：《資治通鑒》（下文簡稱《通鑒》）卷 247，唐武宗會昌三年六月，中華書局點校本 1956 年版，第 7985 頁。

5. 頁 19 注①，《舊書》卷十九下，《僖宗紀》，引文「……嶺南四道……大約部將自擅……」

按《舊書》卷 19 下《僖宗紀》，第 720 頁，原文作「……嶺南西道……大約郡將自擅……」

6. 頁 24 注④，《通鑒》卷二五九，引文「令宗室諸王將兵巡警……」

按，此載當出自《通鑒》卷 260，唐昭宗乾寧二年三月，第 8467 頁。

7. 頁 25 注①，《通鑒》卷二五九，引文「……互相攻剽」。

按，此載當出自《通鑒》卷 260，唐昭宗乾寧二年七月，第 8472 頁，原文作「……互相剽掠」。

8. 頁 25 注②，《舊書》卷二十七，《昭宗紀》，引文「士庶追從幸者數十萬……」

按，此載當出自《舊書》卷 20 上《昭宗紀》，第 754 頁，原文作「士庶從幸者數十萬……」

9. 頁 27 注①，《舊書》卷一八四，《宦官·韓全誨傳》，引文「……於上前以撾劃地……」

按，此載當出自《舊書》卷 184《楊復恭傳》，第 4776 頁，原文作「……於上前以撾畫地……」

10. 頁 28 注①，《通鑒》卷二六三，引文「……東西其意……若唐世也……

所以然者非它……」

按《通鑑》卷263，唐昭宗天復三年正月臣光曰，第8596頁，原文作「……東西出其意……如唐世者也……所以然者非他」。

11. 頁30 注⑤，《舊五代史》卷二，《梁太祖紀》二，引文「……使二人擒一人……」「……至是，昭宗前後皆梁人矣」。

按（宋）薛居正等：《舊五代史》（下文簡稱《舊史》）卷2《梁太祖紀二》，中華書局點校本1976年版，第35頁，原文作「……使一人擒二人……」「……自是昭宗左右前後皆梁人矣」。

12. 頁34 注①，《舊書》卷二百，《秦宗權傳》，引文「……所至屠戮人物，燔燒城邑……」

按，此載當出自《舊書》卷200下《秦宗權傳》，第5398頁，原文作「……所至屠殘人物，燔燒郡邑……」

13. 頁36 注⑤，《舊史》卷十二，《朱友寧傳》，引文「……於城南土山……」

按《舊史》卷12《朱友寧傳》，第162頁，原文作「……於城南為土山……」

14. 頁38 注④，《舊史》卷二五，《唐武皇紀》，引文「……僕與公等向南而定天下……」

按，此載當出自《舊史》卷25《唐武皇紀上》，第335頁，原文作「……僕與公等南向而定天下……」

15. 頁41 注①，《舊史》卷五十，《李克恭傳》，引文「……未閑軍旅」。

按《舊史》卷50《李克恭傳》，第684頁，原文作「……未閑軍政」。

16. 頁42 注①，《通鑑》卷二五九，引文「……克用軍中莫及……」

按《通鑑》卷259，唐昭宗乾寧元年三月，第8453頁，原文作「……克用軍中皆莫及……」

17. 頁42 注②，《舊史》卷十五，《李罕之傳》，引文「……曾乞食於滑州酸棗縣……擲缽於地，毀僧衣，投河陽諸葛爽為卒」。

按《舊史》卷15《李罕之傳》，第206頁，原文作「……曾乞食於酸棗縣……乃擲缽於地，毀棄僧衣，亡命為盜」。

18. 頁43 注①，《通鑑》卷二五七，引文「自是，罕之日以兵寇鈔懷、孟、晉、絳……」

按，此載當出自《舊史》卷15《李罕之傳》，第208頁。

19. 頁 44 注①，《舊史》卷一三五，《劉守光傳》，引文「覽書謾罵……」

按《舊史》卷 135《劉守光傳》，第 1800 頁，原文作「覽書嫚罵……」

20. 頁 45 注①，《通鑑》卷二六〇，引文「……必對使者北面拜受之……倍長以年……」

按《通鑑》卷 260，唐昭宗乾寧三年閏正月，第 8483 頁，原文作「……必對使者北向拜受之……倍年以長……」

21. 頁 46 注①，《舊史》卷十四，《羅紹威傳》，引文「……號曰『牙兵』……主帥易置……」

按《舊史》卷 14《羅紹威傳》，第 188～189 頁，原文作「……號曰『牙軍』……主帥廢置……」

22. 頁 46 注④，《舊史》卷二，《梁太祖紀》二，引文「……軍民無少長皆死」。

按《舊史》卷 2《梁太祖紀二》，第 39 頁，原文作「……軍民無少長皆殺之」。

23. 頁 51 注③，《舊史》卷二六，《唐武皇紀》，引文「伏望大王崇德愛人……錢穀有鈞……」

按，此載當出自《通鑑》卷 263，唐昭宗天復二年三月，第 8571 頁，原文作「伏願大王崇德愛人……錢穀有句……」

24. 頁 54 注①，《舊史》卷五三，《李存璋傳》，引文「……蕃部人多干擾廛市……期日之間……」

按《舊史》卷 53《李存璋傳》，第 720 頁，原文作「……藩部人多干擾廛市……期月之間……」

25. 頁 54 注②，《通鑑》卷二六六，引文「……撫孤寡……」

按《通鑑》卷 266，後梁太祖開平二年五月，第 8696 頁，原文作「……撫孤窮……」

26. 頁 54 注⑤，《舊史》卷五二，《李嗣昭傳》，引文「城中士民餓死大半……」

按《舊史》卷 52《李嗣昭傳》，第 704 頁，原文作「城中士民饑死大半……」

27. 頁 55 注③，《通鑑》卷二六七，引文「……光采眩耀」。

按《通鑒》卷 267，後梁太祖開平四年十二月，第 8731 頁，原文作「……光彩炫耀」。

28. 頁 55 注⑤，《通鑒》卷二六八，引文「棄糧食、資財、器械不可勝數」。

按，此載當出自《通鑒》卷 267，後梁太祖乾化元年正月，第 8736 頁，原文作「棄糧食、資財、器械不可勝計」。

29. 頁 55 注⑥，《通鑒》卷二六八，引文「悉驅二州丁壯為奴婢……」

按，此載當出自《通鑒》卷 267，後梁太祖乾化元年正月，第 8736 頁。

30. 頁 56 注②，《通鑒》卷二六八，引文「蓨之耕者皆荷鉏奮梃擊之」。

按《通鑒》卷 268，後梁太祖乾化二年三月，第 8754 頁，原文作「蓨之耕者皆荷鉏奮梃逐之」。

31. 頁 57 注②，《舊史》卷五，《梁末帝紀》上，引文「夷門太祖創業之地……」

按，此載當出自《舊史》卷 8《梁末帝紀上》，第 115 頁。

32. 頁 58 注①，《舊史》卷十，《梁末帝紀》下，引文「其有私放遠年遺負……」

按《舊史》卷 10《梁末帝紀下》，第 142 頁，原文作「其有私放遠年債負……」

33. 頁 58 注②，《通鑒》卷二六六，引文「……軍士或思鄉逃去，關津輒捕之，送所屬……」

按《通鑒》卷 266，後梁太祖開平元年十一月，第 8687 頁，原文作「……軍士或思鄉里逃去，關津輒執之送所屬……」

34. 頁 59 注②，《舊史》卷十，《梁末帝紀》下，引文「……依浮屠氏之教……」

按《舊史》卷 10《梁末帝紀下》，第 144 頁，原文作「……依浮圖氏之教……」

35. 頁 62 注①，《通鑒》卷二六九，引文「朝廷忌吾軍強盛……」

按《通鑒》卷 269，後梁均王貞明元年三月，第 8787 頁。原文作「朝廷忌吾軍府強盛……」

36. 頁 62 注③，《舊史》卷二三，《劉鄩傳》，引文「……滔滔河流可勝既

孚」。

　　按《舊史》卷 23《劉鄩傳》，第 312 頁，原文作「……滔滔河流，可勝既乎」。

　　37. 頁 65 注②，《通鑒》卷二七〇，引文「……不然王自取之，何問僕也……」

　　按《通鑒》卷 270，後梁均王貞明三年十月，第 8820 頁，原文作「……不然，王自取用之，何問僕為……」

　　38. 頁 66 注①，《通鑒》卷二七〇，引文「曲事權要……」等。

　　按，此載當出自《通鑒》卷 269，後梁均王貞明元年六月，第 8791 頁。

　　39. 頁 66 注②，《通鑒》卷二七〇，引文「殿下何時當平河南」等。

　　按，此載當出自《通鑒》卷 271，後梁均王龍德二年十二月，第 8878 頁。

　　40. 頁 70 注①，《舊史》卷二七，《唐莊宗紀》一，引文「天下官名……」

　　按，此載當出自《舊史》卷 30《唐莊宗紀四》，第 414 頁。

　　41. 頁 71 注②，《通鑒》卷二七一，引文「……欲備百官」。

　　按《通鑒》卷 271，後梁均王龍德元年七月，第 8866 頁，原文作「……欲以備百官」。

　　42. 頁 71 注⑤，《舊史》卷五七，《郭崇韜傳》，引文「旌別流別……」

　　按《舊史》卷 57《郭崇韜傳》，第 772 頁，原文作「旌別流品……」

　　43. 頁 72 注①，《通鑒》卷二七二，引文「……應前朝內官及諸道監軍並私家所蓄者……」

　　按，此載當出自《通鑒》卷 273，後唐莊宗同光二年正月，第 8912 頁，原文作「……應前朝內官及諸道監軍並私家先所蓄者……」

　　44. 頁 73 注①，《通鑒》卷二七二，引文「……其尤蠹政害民者景進為之首……遂委以耳目……」

　　按《通鑒》卷 272，後唐莊宗同光元年十一月，第 8905 頁，原文作「……其尤蠹政害人者，景進為之首……遂委進以耳目……」

　　45. 頁 73 注③，《北夢瑣言》卷十八，引文「分天下財賦為內外府(庫)……」

　　按，此載當出自《通鑒》卷 273，後唐莊宗同光二年二月，第 8914 頁。

　　46. 頁 74 注①，《北夢瑣言》卷十八，引文「……聲伎其所長」，「妾去鄉

之日……」

　　按（五代）孫光憲：《北夢瑣言》（下文簡稱《瑣言》）卷 18《劉皇后笞父》，中華書局點校本 2002 年版，第 332 頁，原文「……聲伎亦所長」，「妾去鄉之時……」

　　47. 頁 74 注②，《瑣言》卷十八，引文「……自負蓍囊……繼岌造其臥內……」

　　按《瑣言》卷 18《劉皇后笞父》，第 333 頁，原文作「……自負蓍囊藥篋……笈造其臥內……」

　　48. 頁 74 注③，《通鑒》卷二七三，引文「……欲拜全義為父」。

　　按，此載當出自《舊史》卷 63《張全義傳》，第 843 頁，原文作「……欲拜全義為義父」。

　　49. 頁 74 注④，《通鑒》卷二七三，引文「……唯用寫佛經、施僧尼……」

　　按，此載當出自《瑣言》卷 18《劉皇后笞父》，第 333 頁，原文作「……唯寫佛經施尼師……」

　　50. 頁 74 注⑦，《通鑒》卷二七三，引文「……租庸徵榷亦須牒觀察使」。

　　按《通鑒》卷 273，後唐莊宗同光二年十月，第 8925 頁，原文作「……租庸徵催亦須牒觀察使」。

　　51. 頁 75 注②，《通鑒》卷二七三，引文「……當有內變」。

　　按《通鑒》卷 273，後唐莊宗同光元年十月，第 8903 頁，原文作「……將有內變」。

　　52. 頁 79 注①，《通鑒》卷二七四，引文「……則壞其什物……吏皆竄匿山谷」。

　　按《通鑒》卷 274，後唐莊宗同光三年十二月，第 8950 頁，原文作「……則壞其什器……縣吏皆竄匿山谷」。

　　53. 頁 81 注③，《瑣言》卷十八，引文「唐業已衰……」

　　按《瑣言》卷 18《明宗獨見》，第 331 頁，原文作「唐運已衰……」

　　54. 頁 82 注②，《瑣言》卷十八，引文「公輩以口擊賊……」

　　按，此載當出自《舊史》卷 35《唐明宗紀一》，第 482 頁。

　　55. 頁 83 注①，《瑣言》卷十八，引文「王法無私……」，「……蘇秦說我

不得⋯⋯」

　　按，引文源自同書不同卷，宜分作二注。前引出自《瑣言》卷 18《明宗惡貪吏》，第 338 頁。後引出自《瑣言》卷 19《斁丁延徽》，第 352 頁，原文作「⋯⋯蘇秦說吾不得⋯⋯」

　　56. 頁 84 注③，《瑣言》卷十九，引文「⋯⋯雖不能達其旨⋯⋯」

　　按《瑣言》卷 19《明宗戒秦王》，第 349 頁，原文作「⋯⋯雖不深達其旨⋯⋯」

　　57. 頁 84 注⑤，《通鑒》卷二七九，引文「⋯⋯兵戈罕用⋯⋯」

　　按《通鑒》卷 279，後唐明宗長興四年十一月，第 9095 頁，原文作「⋯⋯兵革罕用⋯⋯」

　　58. 頁 85 注②，《五代史闕文》，引文「⋯⋯遇亂世為眾推戴，事不獲己⋯⋯」

　　按（宋）王禹偁：《五代史闕文》（下文簡稱《闕文》），《後唐史‧明宗》，五代史書彙編本，第 4 冊，杭州出版社點校本 2004 年版，第 2454 頁，原文作「⋯⋯遇世亂為眾推戴，事不獲已⋯⋯」

　　59. 頁 85 注③，《瑣言》卷十九，引文「簡拔賢俊⋯⋯」

　　按，此載當出自《瑣言》卷 18《安重誨枉殺任圜》，第 339 頁。

　　60. 頁 85 注⑤，《舊史》卷六六，《安重誨傳》，引文「⋯⋯而自恣胸襟」。
　　按《舊史》卷 66《安重誨傳》，第 876 頁，原文作「⋯⋯而悉自恣胸襟」。

　　61. 頁 85 注⑥，《舊史》卷六六，《安重誨傳》，引文「⋯⋯未嘗見宰相、樞密奏事敢如此者⋯⋯」

　　按，此載當出自《通鑒》卷 275，後唐明宗天成二年五月，第 9006 頁，原文作「⋯⋯未嘗見宰相、樞密奏事敢如是者⋯⋯」

　　62. 頁 86 注②，《通鑒》卷二七八，引文「及長興以後⋯⋯」

　　按，此載當出自《通鑒》卷 275，後唐明宗天成元年十一月，第 8996 頁。

　　63. 頁 89 注①，《通鑒》卷二七九，引文「潞王悉斂城中將吏士民之財以賜軍⋯⋯」

　　按《通鑒》卷 279，後唐潞王清泰元年三月，第 9108 頁，原文作「潞王悉斂城中將吏士民之財以犒軍⋯⋯」

　　64. 頁 89 注③，《通鑒》卷二七九，引文「⋯⋯玫請率京城民財以足⋯⋯

囚繫滿城……」

按《通鑑》卷279，後唐潞王清泰元年四月，第9116、9119頁，原文作「……玫請率京城民財以足之……囚繫滿獄……」

65. 頁91注①，《通鑑》卷二六〇，引文「河夾滑河而東，為害彌甚」。

按《通鑑》卷260，唐昭宗乾寧三年四月，第8484頁，原文作「夾滑城而東，為害滋甚」。

66. 頁91注②，《通鑑》卷二七〇，引文「決河水彌漫數里……」

按《通鑑》卷270，後梁均王貞明四年二月，第8824頁，原文作「決河水，彌浸數里……」

67. 頁91注③，《舊史》卷二九，《唐莊宗紀》二，引文「自滑州南決破河堤……」

按，此載當出自《舊史》卷29《唐莊宗紀三》，第407頁。

68. 頁91，《通鑑》卷二九二，引文「河自揚劉至於博州百二十里……匯成大澤……」

按《通鑑》卷292，後周太祖顯德元年十月，第9519頁，原文作「河自楊劉至於博州百二十里……匯為大澤……」

69. 頁91注⑤，《冊府元龜》卷四九，《邦計·河渠》，引文「發汴滑兵士修酸棗堤，修而復壞」。

按（宋）王欽若等：《冊府元龜》（下文簡稱《冊府》）卷497《邦計部·河渠二》，中華書局影印本1960年版，第5955頁，原文作「督汴、滑兵士修酸棗縣堤……尋而復壞」。

70. 頁92注①，《五代會要》卷十一，《水溢》，引文「……概東流，兗州、濮州界皆為水漂溺」。

按（宋）王溥：《五代會要》（下文簡稱《會要》）卷11《水溢》，上海古籍出版社點校本2006年版，第181頁，原文作「……一概東流，兗州、濮州界皆為水所漂溺」。

71. 頁92注②，《舊史》卷八二，《晉出帝紀》，引文「滑州河決……」

按，此載當出自《舊史》卷82《晉少帝紀三》，第1090～1091頁。

72. 頁92注③④，《冊府》卷九三，《帝王部·赦宥》，引文「訪聞富戶田疇……」，「通言雜稅……」

按，二注當出自《冊府》卷92《帝王部・赦宥十一》，第1103頁。

73. 頁93 注①，《冊府》卷九三，《帝王部・赦宥》，引文「……管納倉物，邀請人戶……疲敝生靈……」

按，此載當出自《冊府》卷92《帝王部・赦宥十一》，第1103頁，原文作「……受納倉場，邀詰人戶……疲斃生靈……」

74. 頁94 注①②，《會要》卷二六，《鹽鐵雜錄》上，著文「九二八年（天成二年）明宗頒詔……」

按，此二注當出自《會要》卷26《曲》，第420～421、421頁。

75. 頁94 注③，《冊府》卷五〇二，《邦計・常平》，引文「……百姓隨地畝紐取錢物……」

按《冊府》卷502《邦計部・常平》，第6025頁，原文作「……百姓隨地畝紐配錢物……」

76. 頁95 注①，《會要》卷二七，《泉貨》，引文「……所犯人準條奏處斷訖申奏……」

按《會要》卷27《泉貨》，第435頁，原文作「……所犯人準條奉處斷訖申奏……」。

77. 頁95 注④，《會要》卷二七，《泉貨》，引文「……不得於市使錢內夾帶鉛錫錢……所使錢不計多少，所犯準條流科罪」。

按《會要》卷27《泉貨》，第435頁，原文作「……不得於市使錢內，夾帶鉛鐵錢……所使錢不計多少納官，所犯人準條流科罪」。

78. 頁96 注④，《冊府》卷五〇四，《邦計・關市》，引文「天下商旅處……」

按《冊府》卷504《邦計部・關市》，第6052頁，原文作「天下商稅處……」

79. 頁97 注①，《舊史》卷一四，《趙犨傳》，引文「……俾以甓周徹四墉……」

按《舊史》卷14《趙犨傳》，第197頁，原文作「……俾以甓周砌四墉……」。

80. 頁97 注②③，《洛陽縉紳舊聞記》卷二，《齊王張全義外傳》，引文「縣邑荒廢……」，「除殺人者死……」

按，此載當出自（宋）張齊賢：《洛陽縉紳舊聞記》（下文簡稱《舊聞記》）卷2《齊王張令公外傳》，五代史書彙編本，第4冊，杭州出版社點校本2004年版，第2398、2399頁。

81. 頁 98 注①，《舊聞記》卷二，《齊王張全義外傳》，引文「……悉召其家老幼慰勞之……見不熟……此少人手……」

按《舊聞記》卷 2《齊王張令公外傳》，第 2399～2400 頁，原文作「悉召其家老幼，親慰勞之……見好田田中無草，必於田邊下馬，命賓客觀之，召田主慰勞之，賜之衣物。若見禾中有草，地耕不熟……此少人牛……」

82. 頁 98 注②，《闕文》，引文「……又通賂於劉皇后，乘莊宗幸洛……」

按《闕文》，《後唐史·張全義》，第 2454 頁，原文作「……又通賂與劉皇后，仍請莊宗幸洛……」

83. 頁 98 注③，《舊聞記》卷二，《李少師賢妻》，引文「珠寶等可得數十萬（緡）」。

按《舊聞記》卷 2《李少師賢妻》，第 2403 頁，原文作「珠金等，可得數十萬」。

84. 頁 98 注④，《容齋三筆》卷十，《朱梁輕賦》，引文「……屬黃巢大亂之後……外嚴烽堠……勵以耕桑……亦未至於流亡……蓋賦斂輕而田園可戀故也……不三四年……」

按（宋）洪邁：《容齋三筆》卷 10《朱梁輕賦》，見《容齋隨筆》，中華書局點校本 2005 年版，第 541 頁，原文作「……屬黃巢大亂之餘……外嚴烽候……厲以耕桑……亦未至流亡……蓋賦斂輕而丘園可戀故也……不四三年……」

85. 頁 99 注③，《冊府》卷七十，《帝王·務農》，引文「……諸道監冶除供常年定數鑄辦供軍熟鐵並器物外……」

按《冊府》卷 70《帝王部·務農》，第 793 頁，原文作「……諸道監冶除依嘗年定數鑄辦供軍熟鐵並器物外……」

86. 頁 99 注④，《冊府》卷七十，《帝王·務農》，引文「河北、河東進農具以為式樣」。

按《冊府》70《帝王部·務農》，第 793 頁，原文作「河東、河北進農具以為式樣」。

87. 頁 99 注⑤，《闕文》，引文「龐於小康」。

按《闕文》，《後唐史·明宗》，第 2455 頁，原文作「龐為小康」。

88. 頁 100 注①，《舊史》卷十五，《韓建傳》，引文「……勸課農桑事……」

按《舊史》卷 15《韓建傳》，第 203 頁，原文作「……勸課農事……」

89. 頁 101 注③，《會要》卷二六，《市》，引文「……致時物價騰貴……」

按《會要》卷 26《市》，第 415 頁，原文作「……致時物騰貴……」

90. 頁 103 注①，《全唐文》卷八六六，《復宮闕後上執政書》，引文「……且古盡地之數……既任其權勢……莫能糾摘……莫先差科。富者既黨護有人……嗟怨之人……」

按（清）董誥編：《全唐文》卷 866，楊虁：《復宮闕後上執政書》，中華書局影印本 1983 年版，第 9075 頁，原文「……且古盡地之數……既託其權勢……莫能糾摘……莫先科差。富貴者既黨護有人……怨嗟之聲……」

91. 頁 103 注②，《舊史》卷六十，《李敬義傳》，引文「採天下奇花、異竹、珍木、怪石為園地之玩……園林掃地矣」；「……誰家園池復完……」

按《舊史》卷 60《李敬義傳》，第 806～807 頁，原文「採天下奇花異竹、珍木怪石，為園池之玩……園亭掃地矣」；「……誰家園池完復……」

92. 頁 104 注②，《舊史》卷五四，《王熔傳》，引文「……人士皆褒衣博帶……」

按《舊史》卷 54《王鎔傳》，第 729 頁，原文作「……人士皆褒衣博帶……」

93. 頁 105 注①，《舊聞記》卷四，引文「秀才不合令趨階」。

按，此載當出自《舊聞記》卷 1《梁太祖優待文士》，第 2387 頁，原文作「秀才不合趨階」。

94. 頁 105 注②，《瑣言》卷十八，引文「貌狀……」

按，此載當出自（五代）王仁裕：《玉堂閒話》（下文簡稱《閒話》）卷 2《司馬都》，五代史書彙編本，第 4 冊，杭州出版社點校本 2004 年版，第 1867 頁。

95. 頁 106 注①，《唐語林》卷一，《政事》上，引文「……皆鄉縣家吏……」

按（宋）王讜撰，周勳初校證：《唐語林校證》卷 1《政事上》，中華書局 1987 年版，第 62 頁，原文作「……皆鄉縣豪吏……」

96. 頁 106 注②，《文苑英華》卷四二九，《會昌五年正月三日南郊赦文》，引文「……別立簿書……」

按（宋）李昉：《文苑英華》卷 429《會昌五年正月三日南郊赦文》，中華書局影印本 1966 年版，第 2173 頁，原文作「……別立薄書……」

97. 頁 106 注③,《冊府》卷一五一,《帝王·慎罰》,引文「……兼恐內外形勢官員私事寄禁……」

按《冊府》卷 151《帝王部·慎罰》,第 1828 頁,原文作「……兼鞏內外刑勢官員私事寄禁……」

98. 頁 106 注④,《會要》卷二四,《街巷》,引文「……於別處及連宅買得菜園,令園子守把……」

按,此載當出自《冊府》卷 14《帝王部·都邑二》,第 164～165 頁,原文作「……於別處及連宅置得菜園,令園子主把……」

99. 頁 107 注①,《文獻通考》卷五八,《職官考》十二,《樞密使》,引文「以宣武掌書記……」

按,此載當出自(元)馬端臨:《文獻通考》(下文簡稱《通考》)卷 12《職官考十二·樞密院》,中華書局影印本 1986 年版,考 523。

100. 頁 107 注②,《通考》卷五八,《職官考》十二,《樞密使》,引文「……宰相非進時有所奏請及已受旨應復請者……」

按,此載當出自《通鑒》卷 266,後梁太祖開平元年四月,第 8674 頁,原文作「……宰相非進對時有所奏請及已受旨應復請者……」

101. 頁 108 注③,《新五代史》卷二四,《郭崇韜、安重誨傳贊》引文「……其備顧問、參謀議則有之……」

按(宋)歐陽修:《新五代史》(下文簡稱《新史》)卷 24《郭崇韜、安重誨傳贊》,中華書局點校本 1974 年版,第 257 頁,原文作「……其備顧問、參謀議於中則有之……」

102. 頁 109 注②,《通考》卷五八,《職官考》十二,《樞密院》,引文「徒知宦官之不可用而不知樞密院之不必存」。

按《通考》卷 58《職官考十二·樞密院》,考 523,原文作「徒知宦者之不可用而不知樞密院之不必存也」。

103. 頁 111 注②,《舊史》卷五四,《敬翔傳》,引文「金鑾因金鑾坡以為門名……」

按《舊史》卷 48《敬翔傳》,第 248 頁,原文作「因金鑾坡以為門名……」

104. 頁 112 注①,《冊府》卷四八一,《邦計·總序》,引文「……國命所能料者唯河西、山南、劍南、嶺南四道」。

按，此載當出自《冊府》卷 483《邦計部・總序》，第 5772 頁，原文作「……國命所能判者唯河西、山南、劍南、嶺南西道」。

105. 頁 112 注③，《舊史》卷七二，《馬紹宏傳》，引文「……乃置內勾之名……」

按《舊史》卷 72《馬紹宏傳》，第 955 頁，原文作「……乃置內勾之目……」

二、第二章　南方的相對穩定和社會經濟的發展

1. 頁 115 注①，《舊書》卷一八二，《高駢傳》，引文「好為文，喜言理道」。

按《舊書》卷 182《高駢傳》，第 4703 頁，原文作「好為文，多與儒者遊，喜言理道」。

2. 頁 116 注①，《通鑑》卷二五二，引文「老幼孕弱悉驅去殺之……」

按《通鑑》卷 252，唐僖宗乾符二年六月，第 8179 頁，原文作「老幼孕病，悉驅去殺之……」

3. 頁 116 注③，《舊書》卷一八二，《高駢傳》，引文「於府第別建院……」

按《舊書》卷 182《高駢傳》，第 4711 頁，原文作「於府第別建道院……」

4. 頁 116 注④，《通鑑》卷一五四，引文「……所破者數百家……」

按，此載當出自《通鑑》卷 254，唐僖宗中和二年四月，第 8267 頁，原文作「……所破滅者數百家……」

5. 頁 117 注②，《通鑑》卷二五七，引文「米斗直（值）錢五千緡……」

按《通鑑》卷 257，唐僖宗光啟三年十月，第 8363 頁，原文作「米斗值錢五十緡……」

6. 頁 118 注②，《通鑑》卷二五七，引文「……說和州孫瑞、上元張雄……」

按《通鑑》卷 257，唐僖宗文德元年八月，第 8381 頁，原文作「……說和州孫端、上元張雄……」

7. 頁 119 注①，《通鑑》卷二五八，引文「儒掃地以來……」

按，此載當出自《通鑑》卷 259，唐昭宗景福元年正月，第 8425 頁，原文作「儒掃地遠來……」

8. 頁 119 注②，《通鑑》卷二五八，引文「……使復生產……」

按，此載當出自《通鑑》卷 259，唐昭宗景福元年正月，第 8425 頁，原

文作「……使復生業……」

9. 頁 119 注③，《通鑑》卷二五八，引文「……東西十里，掃地盡矣」。

按《通鑑》卷 259，唐昭宗景福元年七月，第 8431 頁，原文作「……東西千里掃地盡矣……」

10. 頁 121 注④，《吳越備史》卷一，引文「……一概誅戮」。

按（宋）錢儼：《吳越備史》（下文簡稱《備史》）卷 1《武肅王》，五代史書彙編本，第 10 冊，杭州出版社點校本 2004 年版，第 6186 頁，原文作「……但一概誅戮」。

11. 頁 121 注⑤，《備史》卷一，引文「……愚民俗吏致黽魚符印者以萬數……」

按《備史》卷 1《武肅王》，第 6186 頁，原文作「……愚民俗吏致龜魚符印者以百數……」

12. 頁 123 注⑤，《舊史》卷一三四，《楊行密傳》，引文「……驅之則戰……」

按《舊史》卷 134《楊行密傳》，第 1781 頁，原文作「……驅之即戰……」

13. 頁 127 注①，《五代史補》，引文「行密嘗命以大索為貫……」

按（宋）陶岳：《五代史補》（下文簡稱《史補》）卷 1《楊行密錢塘侵掠》，五代史書彙編本，第 5 冊，杭州出版社點校本 2004 年版，第 2477 頁，原文作「行密嘗命以大索為錢貫……」

14. 頁 128 注①，《通鑑》卷二七〇，引文「……若兵連不解，方為諸公之憂……」

按《通鑑》卷 270，後梁均王貞明五年七月，第 8847 頁，原文作「……若連兵不解，方為諸君之憂……」

15. 頁 129 注②，《釣磯立談》（下文簡稱《立談》），引文「……類以威鷔相高……」

按（宋）史溫：《釣磯立談》，五代史書彙編本，第 9 冊，杭州出版社點校本 2004 年版，第 5003 頁，原文作「……類以威鷔相高……」

16. 頁 129 注③，《立談》，引文「……蒜山之津不一昔（夕）而可以定事；捨此利而求入宣城山中……」

按《立談》，第 5003 頁，原文作「……蒜山之津，曾不一昔而可以定事。更捨此利，而求入宣城山中……」

17. 頁 130 注②,《五國故事》上,引文「……無乃玷煊赫之名……」

按(宋)佚名:《五國故事》(下文簡稱《故事》)卷上《偽唐李氏》,五代史書彙編本,第 6 冊,杭州出版社點校本 2004 年版,第 3182 頁,原文作「……無乃玷煊赫之名……」

18. 頁 130 注③,《立談》,引文「……去浮靡……」
按《立談》,第 5005 頁,原文作「……屏去浮靡……」

19. 頁 130 注④,《通鑒》卷二七一,引文「以吳王命悉蠲天祐十三年以前逋稅……」,「盛暑未嘗張蓋……」

按,前後兩則材料源出不同書,宜分別作注。前引出自《通鑒》卷 270,後梁均王貞明四年七月,第 8831 頁,原文作「以吳王之命,悉蠲天祐十三年以前逋稅……」。後引出自《新史》卷 62《南唐世家》,第 766 頁。

20. 頁 130 注⑤,《新史》卷六一,《南唐世家》,引文「於是士民歸心……」

按,此載當出自《通鑒》卷 270,後梁均王貞明四年七月,第 8831 頁,原文作「於是士民翕然歸心……」

21. 頁 131 注③,《舊史》卷一三四,《李昪傳》,引文「東暨衢、婺……」
按,此載當出自《舊史》卷 134《李景傳》,第 1787 頁。

22. 頁 131 注⑥,《立談》,引文「……蓋車相望於道焉」。
按《立談》,第 5007 頁,原文作「……蓋車馬相望於道焉」。

23. 頁 132 注①,《立談》,引文「……錢氏父子動以奉事中國為詞……孟子謂燕人取齊……孰若興稅之入……乃以蔽障者也……得以施於境內……積日而試……以為天下倡……倘得遂北平僭偽,寧又舊邦……」

按《立談》,第 5011 頁,原文作「錢氏父子,動以奉事中國為辭……孟子謂齊人取燕……孰若悉興稅之入……乃外以為蔽障者也……得以施之於統內……積日而不試……為天下倡……倘得遂北平僭竊,寧又舊都……」

24. 頁 133 注①,《通鑒》卷二七〇,引文「……宦官不得干預政事,皆他國不能也」。

按,此載當出自《通鑒》卷 282,後晉高祖天福四年正月,第 9198 頁,原文作「……宦者不得預事,皆他國所不及也」。

25. 頁 133 注③,《立談》,引文「內外寢兵……漸有中朝之風」。
按《立談》,第 5007 頁,原文作「中外寢兵……漸有中朝之風采」。

26. 頁 136 注②，《舊史》卷一三三，《錢鏐傳》，引文「……海中夷落亦遣使封冊焉」。

按《舊史》卷 133《錢鏐傳》，第 1768 頁，原文作「……海中夷落亦皆遣使行封冊焉」。

27. 頁 136 注④，《舊史》卷一三三，《錢鏐傳》，引文「……歲時遊於裏內……」

按《舊史》卷 133《錢鏐傳》，第 1767 頁，原文作「……歲時遊於裏中……」

28. 頁 137 注①，《備史》卷一，引文「……皆复以錦幄……」

按《備史》卷 1《武肅王》，第 6193 頁，原文作「……皆覆以錦幄……」

29. 頁 137 注②，《備史》卷一，引文「……爾今為十三州主，與人爭利……」

按《備史》卷 1《武肅王》，第 6184 頁，原文作「……爾今為十三州主，三面受敵，與人爭利……」

30. 頁 137 注③，《備史》卷一，引文「……有所論則書之」。

按《備史》卷 1《武肅王》，第 6217 頁，原文作「……有所記則書之」。

31. 頁 137 注④，《備史》卷一，引文「常彈丸於牆樓之外，使其不寐，以應其事」。

按《備史》卷 1《武肅王》，第 6218 頁，原文作「常彈丸於牆樓之外，以警宿直者，使其不寐以應其事」。

32. 頁 137 注⑤，《備史》卷一，引文「……召吏厚賞之」。

按《備史》卷 1《武肅王》，第 6218 頁，原文作「……召吏厚賜之」。

33. 頁 138 注②，《通鑒》卷二八二，引文「除民田荒絕者租稅」。

按，此載當出自《通鑒》卷 277，後唐明宗長興三年三月，第 9066 頁。

34. 頁 139 注②，《瑣言》卷六，引文「此人非常流……」

按《瑣言》卷 6《韋氏女配劉謙事》，第 123 頁，原文作「此人非常流也……」

35. 頁 140 注⑤，《舊史》卷一三五，《劉隱傳》，引文「用法清肅，威望頗振」。

按，此載當出自《舊史》卷 135《劉陟傳》，第 1807 頁。

36. 頁 140 注⑥，《新史》卷六五，《南漢世家》，引文「……中朝人士以嶺外最遠……或當時任宦遭亂不得還者……」

按《新史》卷65《南漢世家》，第810頁，原文作「……中朝士人以嶺外最遠……或當時仕宦遭亂不得還者……」

37. 頁141 注①，《新史》卷六五，《南漢世家·劉隱傳》，引文「吉凶禮法……略用次序……」

按，此載當出自《新史》卷65《南漢世家》，第810頁，原文作「為陳吉凶禮法……略有次序……」

38. 頁141 注②，《新史》卷六五，《南漢世家·劉隱傳》，引文「……為盡力焉」。

按《新史》卷65《南漢世家》，第811頁，原文作「……為盡心焉」。

39. 頁141 注⑥，《舊史》卷一三五，《劉龑傳》，引文「恥南海之號」。

按，此載當出自《舊史》卷135《劉陟傳》，第1808頁，原文作「恥稱南海之號」。

40. 頁142 注①，《舊史》卷一三五，《劉龑傳》，引文「稱大漢國王致書上大唐皇帝」，「……大陳貢物……」

按，此載當出自《舊史》卷135《劉陟傳》，第1808頁，原文作「稱大漢國主致書上大唐皇帝」，「……大陳物貢……」

41. 頁142 注②，《舊史》卷一三五，《劉龑傳》，引文「自是與中國遂絕」。

按，此載當出自《舊史》卷135《劉陟傳》，第1808頁。

42. 頁142 注③，《故事》下，引文「洛州刺史」，「自言家本咸秦……」

按，前後兩則材料源出不同書，應分別作注。前引出自《故事》卷下《偽漢彭城氏》，第3193頁。後引出自《新史》卷65《南漢世家》，第812頁。

43. 頁143 注③，《通鑒》卷二五九，引文「耆老乃奉牛酒……」

按，此載當出自《舊史》卷134《王審知傳》，第1791頁。

44. 頁144 注①，《新史》卷六八，《閩世家》，引文「民自請輸米餉軍……」

按，此載當出自《通鑒》卷259，唐昭宗景福元年二月，第8427頁。

45. 頁144 注⑥，《故事》下，引文「……乃取酒庫酢袋而補之」。

按《故事》卷下《偽閩王氏》，第3194頁，原文作「……乃取酒庫酢袋而補之」。

46. 頁145 注①，《舊史》卷一三四，《王審知傳》，引文「建學四門……」

按，此載當出自《新史》卷 68《閩世家》，第 846 頁。

47. 頁 145 注②，《新史》卷六八，《閩世家》，引文「……輕繇薄賦……」

按，此載當出自《舊史》卷 134《王審知傳》，第 1792 頁，原文作「……輕繇薄斂……」。

48. 頁 150 注②，《通鑒》卷二五八，「……截簡徑寸半……」

按《通鑒》卷 258，唐昭宗大順二年四月，第 8414 頁，原文作「……截筒，徑寸半……」

49. 頁 150 注③，《通鑒》卷二五九，引文「……奪其資財……」

按《通鑒》卷 259，唐昭宗景福元年七月，第 8431 頁，原文作「……奪其貲財……」

50. 頁 152 注②，《太平廣記》卷一九〇，引文「……汝等不得輒犯……」

按（宋）李昉：《太平廣記》（下文簡稱《廣記》）卷 190《將帥二·張勍》，中華書局斷句本 1961 年版，第 1424 頁，原文作「……女輩不得輒犯……」

51. 頁 153 注①，《通鑒》卷二五九，引文「……民皆竄山谷……都將擇其善者……」，「又有甚於此者：今諸寨旦出六七百人入山淘虜……出弩手……負薪填壕為道……」，「……百姓未入山時多漚麻者……」

按《通鑒》卷 259，唐昭宗景福元年七月，第 8431～8433 頁，原文作「……民皆竄匿山谷……都將先擇其善者……」，「又有甚於是者：今諸寨每旦出六七百人，入山淘虜……出弓弩手……負薪土填壕為道……」，「……百姓未入山時多漚藏者……」

52. 頁 153 注②，《舊史》卷一三六，《王建傳》，引文「……宜援而固之……」

按《舊史》卷 136《王建傳》，第 1819 頁，原文作「……適宜援而固之……」

53. 頁 154 注①，《通鑒》卷二五八，引文「……好施樂士，謙恭儉素」。

按《通鑒》卷 258，唐昭宗大順二年十月，第 8420 頁，原文作「……好施樂士，用人各盡其才，謙恭儉素」。

54. 頁 154 注②，《史補》，引文「……今我恩顧比當時，才百分之一爾……」

按《史補》卷 1《王建禮待翰林學士》，第 2480 頁，原文作「……今我恩顧，比當時才有百分之一爾……」

55. 頁 155 注⑨，《廣記》卷一九〇，引文「邛峽之南……」

按《廣記》卷 190《將帥二·王建》，第 1425 頁，原文作「邛峽之南……」。

56. 頁 157 注④，《故事》，引文「……以我傷害而死……」

按《故事》卷上《前蜀王氏》，第 3186 頁，原文作「……以至我傷害而死……」

57. 頁 158 注②，《故事》，引文「……一如常居棟宇之制……倒執燭炬千餘條……及抵宮……」，「……往往於街市，（王）衍為步障所蔽而亦不知」。

按《故事》卷上《前蜀王氏》，第 3186 頁，原文作「……一如居常棟宇之制……倒執燭蠟千餘條……及抵宮中……」，「……往往至於街市，（王）衍為步障所蔽，而亦不知」。

58. 頁 158 注③，《舊史》卷一三六，《王衍傳》，引文「其母徐後同遊青神山，駐上清宮，宮人皆衣道服……」

按《舊史》卷 136《王衍傳》，第 1819 頁，原文作「其母、徐妃同遊青城山，駐於上清宮。時宮人皆衣道服……」

59. 頁 159 注①，《舊史》卷一三六，《王衍傳》，引文「……臣以東軍出襄、鄧……否則退還峽口……」

按《舊史》卷 136《王衍傳》，第 1820 頁，原文作「……臣以東師出襄、鄧……否則退保峽口……」

60. 頁 159 注④，《廣記》卷二四一（《王氏聞見錄》），引文「……從教戶口資饞口……」，「……生靈餐進竟如何……」

按《廣記》卷 241《謬佞三‧王承休》，第 1862～1863 頁，原文作「……從將戶口資饞口……」，「……生靈餐盡意如何……」

61. 頁 164 注③，《舊史》卷十七，《雷滿傳》，引文「入其郛，驅掠而去」。

按《舊史》卷 17《雷滿傳附雷彥恭傳》，第 237 頁，原文作「入其郛，焚蕩驅掠而去」。

62. 頁 167 注①，《舊史》卷十七，《雷滿傳附雷彥恭傳》，引文「風爐圩落，舟楫上下於南郡、武昌之間……」

按《舊史》卷 17《雷滿傳附雷彥恭傳》，第 237 頁，原文作「爐壚落，榜舟楫，上下於南郡、武昌之間……」

63. 頁 168 注①，《資治通鑑》卷二六六，引文「楊王地廣兵強……」等。

按，此載當出自《通鑑》卷 265，唐昭宗天祐元年十二月，第 8638 頁。

64. 頁 169 注③，轉引《太平寰宇記補闕》七，引文「巴子兄弟五人，立為五溪之長」。

按，此載當出自（宋）樂史：《太平寰宇記》（下文簡稱《寰宇記》）卷 119《江南西道十七》，臺北文海出版社影印本 1971 年版，第 138 頁，原文作「巴子兄弟立為五溪之長」。

65. 頁 170 注①，《十國》卷八七，《楚·武穆王世家》，引文「辰州蠻宋鄴、漵州蠻潘金盛寇武岡」。

按，此載當出自（清）吳任臣：《十國春秋》（下文簡稱《十國》）卷 67《楚二·武穆王世家》，中華書局點校本 1983 年版，第 938 頁，原文作「辰州蠻宋鄴寇湘鄉、漵州蠻潘金盛寇武岡」。

66. 頁 170 注②，《十國》卷八七，《楚·武穆王世家》，引文「辰州蠻宋鄴……」等。

按，此載當出自《十國》卷 67《楚二·武穆王世家》，第 938 頁。

67. 頁 170 注④，《九國志》卷十一，《楚·彭玕傳》，引文「聚徒眾得數千人……」

按（宋）路振：《九國志》卷 11《楚·彭玕傳》，五代史書彙編本，第 6 冊，杭州出版社點校本 2004 年版，第 3355 頁，原文作「保聚徒眾，得數千人……」

68. 頁 170 注⑤，《九國志》卷十一，《楚·彭玕傳》，引文「軍紀嚴肅……」

按《九國志》卷 11《楚·彭玕傳》，第 3355 頁，原文作「軍政嚴肅……」

69. 頁 171 注⑧，《十國》卷六八，《楚·文昭王世家》，引文「引錦州蠻萬餘人寇辰、澧二州……」

按《十國》卷 68《楚二·文昭王世家》，第 953 頁，原文作「引錦、溪州蠻萬餘人寇辰、澧二州……」

70. 頁 173 注①，本主文據湖南博物館拓本，參見《十國》《楚·李宏皋傳》，引文「……吾伐叛德柔……乃依前奏授彭士愁溪州刺史……大振貧乏……勿恃懸崖絕壑……」。「……當都願將本管都團百姓軍人……其五部主首……本部中上科懲……」

按《十國》卷 74《楚八·李宏皋傳》，第 1017～1018 頁，原文作「……吾伐叛懷柔……乃依前奏授彭士然溪州刺史……大振貧民……勿恃懸崖絕

壁……」。「……當都願將本管諸團百姓軍人……其五姓主首……本都申上科懲……」

71. 頁 174 注①，《十國》卷六八，《楚·文昭王世家》，引文「……皆先後來附」。

按《十國》卷 68《楚二·文昭王世家》，第 954 頁，原文作「……皆前後來附」。

72. 頁 175 注③，《舊史》卷一三三，《高季興傳》，引文「乃招輯流散……」

按《舊史》卷 133《高季興傳》，第 1751 頁，原文作「招葺流散……」

73. 頁 176 注③，《史補》，引文「……兵雖小而勢實大……但恨未見得其便耳……」

按《史補》卷 4《梁震裨贊》，第 2517 頁，原文作「……兵雖小而勢甚大……但恨未得其便耳……」

74. 頁 181 注③，《十國》卷四，《前蜀》六，《張琳傳》，著文「前蜀邛州節度使張琳在眉州修通濟堰，溉田一萬五千頃」。

按，此載當出自《十國》卷 40，《前蜀六·張琳傳》，第 597 頁。

75. 頁 181 注⑧，《備史》卷一，《武肅王》，引文「親巡依錦城……」

按《備史》卷 1《武肅王》，第 6194 頁，原文作「親巡衣錦城……」

76. 頁 182 注①，《備史》卷尾，《雜考》，前引「……怒瀨急湍……潮乃還錢塘」。次引「東趨西陵……作九重……塘岸益固」。末引「……故首出上云……」

按，此注引文宜作三注。前引出自（清）翟均廉：《海塘錄》卷 26《雜誌》引《吳越備史》，文淵閣四庫全書本，第 583 冊，臺灣商務印書館 1986 年版，第 795～796 頁，原文作「……怒潮急湍……潮乃退」。次引出自《海塘錄》卷 26《雜誌》引《錢塘縣志》，第 796 頁。原文作「東趨南陵……作六重……岸益固」。後引出自（明）徐一夔：《史豐稿》卷 7《雜述·辨錢塘鐵箭》，文淵閣四庫全書本，第 1229 冊，臺灣商務印書館 1986 年版，第 238 頁，原文「……故幢首出土云……」

77. 頁 182 注②，《十國》卷七八，《吳越武肅王世家》，引文「置都水營使以主水利，以主水事，號曰撩淺軍……一路自急水港上澱山湖入海……」，「濬拓湖及新涇塘由小官浦入海……」

　　按《十國》卷78《吳越二・武肅王世家下》，第1090、1101頁，原文作「置都水營使以主水事，募卒為都，號曰『撩淺軍』……一路自急水港下澱山湖入海……」，「濬柘湖及新涇塘，由小官浦入海……」

　　78. 頁183注①，《范文正公奏議集》上，《答手詔條陳十事》，引文「……為民美利……蘇州有營田軍四部……大半墮廢……」

　　按（宋）范仲淹：《范文正公政府奏議》卷上《治體・答手詔條陳十事》，見《范文正公集》，四部叢刊初編本（第136冊），上海書店影印本1989年版，頁10-1~2，原文作「……為農美利……蘇州有營田軍四都……大半隳廢……」

　　79. 頁184注①，《吳唐拾遺錄・勸農桑》，引文「吳順義中……」

　　按，此載當出自《容齋續筆》卷18《宋齊丘》引《吳唐拾遺錄・勸農桑》，見《容齋隨筆》，第418頁。

　　80. 頁185注①，《備史》卷二，《文穆王》，引文「仍赦境內租稅之半」。
　　按《備史》卷2《文穆王》，第6226頁，原文作「仍赦境內今年租稅之半」。

　　81. 頁185注③，同上書（《備史》）卷四，《大元帥吳越國王》，引文「……由是境內無棄田……」

　　按《備史》卷4《大元帥吳越國王》，第6246頁，原文作「……由是境內並無棄田……」

　　82. 頁185注④，注引「《十國》卷一一六，《備考・吳越世家辯案》引《丹鉛錄》」所載，引文「……吳越王錢宏佐……歐陽永叔《五代史記》乃云……則以次唱答之……歐陽修記錢氏重斂……乃誣其祖以重斂民怨之事。然則挾私怨於褒貶之間……」

　　按《春秋》卷116《備考・吳越世家辯案》引《丹鉛錄》，第1777～1778頁，原文作「……吳越王錢弘佐……歐陽永叔《五代史》乃云……則以次唱而答之……歐陽修記錢氏重斂之虐……乃誣其祖以重斂民怨之事。若然，則挾私怨於褒貶之間……」

　　83. 頁186注③，同上書（《十國》）卷九四，《閩五・王審邽傳》，引文「……興定廬舍」。

　　按《十國》卷94《閩五・王審邽傳》，第1363頁，原文作「……興完廬舍」。

84. 頁 186 注⑥，《通鑑》卷二七四，引文「湖南民不事蠶桑……」

按《通鑑》卷 274，後唐莊宗同光三年十二月，第 8953 頁，原文作「湖南民不事桑蠶……」

85. 頁 186 注⑧，《十國》卷七五，《楚‧雜傳》，引文「在馬氏時……」

按，此載當出自《十國》卷 75《楚九‧卒長傳》，第 1035 頁，原文作「當馬氏時……」

86. 頁 187 注①，《十國》卷三六，《前蜀‧高祖本紀》，引文「……諸州縣鎮不敢歸還者……今年正月初九日以前，應在府及州縣鎮軍人及百姓……官中徵沒屋舍莊田，除已有指揮及有人經營收買外……並宜還卻……」

按，此載當出自（宋）句延慶：《錦里耆舊傳》（下文簡稱《耆舊傳》）卷 5，五代史書彙編本，第 10 冊，杭州出版社點校本 2004 年版，第 6029 頁，原文作「……諸州縣鎮不敢放歸還者……今年正月九日以前，應在府及州縣鎮軍人百姓……官中收沒屋舍莊田，除已有指揮及有人經官收買外……並宜給還卻……」

87. 頁 187 注③，《九國志》卷六，《前蜀‧晉暉傳》，引文「招徠逋竄，劃陳蠹弊……」

按《九國志》卷 6《前蜀‧晉暉傳》，第 3294 頁，原文作「招來逋竄，劃除蠹弊……」

88. 頁 188 注②，《九國志》卷七，《後蜀‧石處溫傳》，引文「……常積穀數千萬石，前後累獻軍糧二千餘萬石」。

按《九國志》卷 7《後蜀‧石處溫傳》，第 3319 頁，原文作「……常積穀數萬千石，前後累獻軍糧二十餘萬石」。

89. 頁 189 注③，《十國》卷七八，《吳越‧武肅王世家》，引文「吳綾、越綾……」「錦綺五百連」、「吳越異紋綾八千匹……」

按，引文源自同書不同卷，宜分作三注。前引出自《十國》卷 78《吳越二‧武肅王世家下》，第 1097 頁。次引出自《十國》卷 79《吳越三‧文穆王世家》，第 1122 頁，原文作「錦綺五百」。末引出自《十國》卷 79《吳越三‧文穆王世家》，第 1124 頁。

90. 頁 189 注⑥，《五代詩話》卷四，《張立》，引文「隨駕宮人皆衣畫雲霞道服」。

按，此載當出自《舊史》卷136《王衍傳》，第1819頁。

91. 頁190 注①，《十國》卷六七，《楚・文昭王世家》，引文「土絹、土綾、吉貝布共三千四」，「……錦綺緣面十條，錦綺皆十合（盒）」。

按《十國》卷67《楚二・文昭王世家》，第952、957頁，原文作「土絹、土絁、吉貝布共三千四」，「……錦綺緣面十床，錦綺背十合」。

92. 頁190 注②，《通鑒》卷二八三，引文「……秋冬用木棉」。

按《通鑒》卷283，後晉高祖天福七年十月，第9241頁，原文作「……秋冬用木綿」。

93. 頁190 注⑤，《十國》卷一〇一，《荊南・文獻王世家》，引文「御衣服段羅綾絹一百四」。

按《十國春秋》卷101《荊南二・文獻王世家》，第1442頁，原文作「御衣段羅綾絹一百五十四」。

94. 頁191 注①，《學林新編》，引文「茶之佳品造在社前……」

按，此載當出自（宋）王觀國：《學林》卷8《茶詩》，中華書局點校本1988年版，第275頁，原文作「茶之佳品，摘造在社前……」

95. 頁191 注②，《三山老人語錄》，引「五代詩人鄭遨《詠茶》云」，引文「……夜血和煙搗……」

按，此載當出自（宋）阮閱：《詩話總龜・後集》卷30《詠茶門》，文淵閣四庫全書本，第1478冊，臺灣商務印書館1986年版，第802頁，當作「五代詩人鄭遨《茶詩》云」，原文作「……夜臼和煙搗……」

96. 頁191 注③，《學林新編》，引文「……白甀封題寄火前」。

按，此載當出自《學林》卷8《茶詩》，第275頁，原文作「……白硾封題寄火前」。

97. 頁191 注④，《十國》卷一六，《南唐・元宗本紀》，著文「吳幾次致茶於後唐」。

按，此載當出自《十國》卷3《吳三・睿帝本紀》，第60頁。

98. 頁191 注⑤，《談苑》，引文「……始罷陽羨茶」。

按，此載當出自《十國》卷16《南唐二・元宗本紀》，第210頁，原文作「……始罷貢陽羨茶」。

99. 頁191 注⑥，《南唐拾遺錄》，引文「取茶之乳作片，或號京鋌的乳及

骨子等名」。

　　按，此載當出自《詩話總龜・後集》卷 30《詠茶門》，第 800 頁，原文作「取其乳作片，或號曰京鋌的乳及骨子等」。

　　100. 頁 191 注⑦，《東溪試茶錄》，引文「南唐時進建陽茶油花子大小形制各別，宮嬪縷金於面，皆淡妝以花餅施額上，時號北苑妝」。

　　按，此載當出自（宋）陶穀：《清異錄》卷下《北苑妝》，見朱易安、傅璇琮等主編：《全宋筆記》（第一編），大象出版社點校本 2003 年版，第 76 頁，原文作「江南晚季，建陽進茶油花子，大小形制各別，極可愛。宮嬪縷金於面，皆以淡妝，以此花餅施於額上，時號『北苑妝』」。

　　101. 頁 192 注①，《十國》卷七九、八〇，《吳越・文穆王世家・忠獻王世家》，著文「南唐境內官焙茶三十八處，官私製茶共一千三百三十六處」。

　　按，此注當出自（宋）宋子安：《東溪試茶錄》，文淵閣四庫全書本，第 844 冊，臺灣商務印書館 1986 年版，第 655 頁。

　　102. 頁 192 注②，同上書（《十國》）卷三五，《前蜀・高祖本紀》，著文「吳越向中原王朝的貢品中有『茶二萬七千斤』、『大茶、腦源茶二萬四千斤』、『茶二萬五千斤』、『腦源茶三萬四千斤』」。

　　按，此載分見《十國》卷 78、79、80《吳越二・武肅王世家下》、《吳越三・文穆王世家》、《吳越四・忠獻王世家・忠遜王世家》，第 1101、1124、1135、1139 頁。

　　103. 頁 192 注③，《十國》卷五三，《後蜀・毋守素傳》，引文「貢茶布等十萬」，「籍其成都茶園以獻……」

　　按，引文源自同書不同卷，宜分作二注。前引出自《十國》卷 35《前蜀一・高祖本紀》，第 496 頁。後出自《十國》卷 53《後蜀六・毋守素傳》，第 783 頁，原文作「籍其成都莊產茶園以獻……」

　　104. 頁 193 注①，《九國志》卷一，《吳・秦斐傳》，引文「斐在治七年……」

　　按，此載當為《九國志》卷 1《吳・秦裴傳》，第 3227 頁，原文作「裴在治七年……」

　　105. 頁 193 注④，《史補》，引文「凡用數十萬斤」。

　　按《史補》卷 3《馬希範奢侈》，第 2500 頁，原文作「凡用數十萬斤石」。

　　106. 頁 194 注②，同上書（《十國》）卷九二，《閩・景宗本紀》，引文「銀

二千兩」。

按《十國》卷 92《閩三·景宗本紀》，第 1341 頁，原文作「鋌銀二千兩」。

107. 頁 194 注③，見《江南野史》，著文「……官給鹽一升，謂之『鹽米』」。

按（宋）龍兗：《江南野史》（下文簡稱《野史》）卷 3《後主》，五代史書彙編本，第 9 冊，杭州出版社點校本 2004 年版，第 5172 頁，原文作「……官給鹽二斤，謂之『鹽米』」。

108. 頁 194 注⑤，《通鑒》卷二九四，引文「……願將海陵鹽南屬以贍軍」。

按《通鑒》卷 294，後周世宗顯德五年五月，第 9584 頁，原文作「……願得海陵鹽南屬以贍軍」。

109. 頁 197 注③，《十國》卷一一六，《備考》，引文「潔白堅滑類高麗紙……」

按，此載當出自《十國春秋拾遺備考·吳越》，見《十國》，第 1786 頁。

110. 頁 199 注④，《史補》，引文「……可謂三千里外一條水，十二時中兩度潮……兩浙貢獻自海路至青州……」

按《史補》卷 5《契盈屬對》，第 2534 頁，原文當作「……盈對曰：『可謂三千里外一條水，十二時中兩度潮』……兩浙貢賦自海路而至青州……」

111. 頁 200 注①，《十國》卷一一二，《地理表》下，引文「……其門……」

按《十國》卷 112《地理表下》，第 1619 頁，原文作「……其門七……」

112. 頁 200 注②，《舊史》卷一三四，《王審知傳》，引文「……汛海至登萊抵岸……」

按《舊史》卷 134《王審知傳》，第 1792 頁，原文作「……泛海至登萊抵岸……」

113. 頁 200 注③，《新史》卷六八，《閩世家》，引文「招徠海中蠻夷商賈……」

按《新史》卷 68《閩世家》，第 846 頁，原文作「招來海中蠻夷商賈……」

114. 頁 201 注①，《舊史》卷一三五，《劉龑傳》，引文「……窮奢侈娛，僭一方……」

按《舊史》卷 135《劉龑傳》，第 1808 頁，原文作「……窮奢極侈，娛僭一方……」

115. 頁 201 注③，《通鑒》卷二七四，引文「……故能以境內之物易天下百貨……」

按《通鑒》卷 274，後唐莊宗同光三年十二月，第 8953 頁，原文作「……故能以境內所餘之物易天下百貨……」

116. 頁 201 注⑥，《通鑒》卷二八八，引文「……乃上表謝罪……」

按《通鑒》卷 288，後漢高祖乾祐元年六月，第 9394 頁，原文作「……乃遣使上表謝罪……」

117. 頁 202 注③，《野人閒話》，引文「……華軒采舫，共賞百花潭上，至諸王功臣已下，皆各置林亭，異果、名花，充溢其」。

按（宋）耿煥：《野人閒話》（下文簡稱《閒話》），《頒令箴》，五代史書彙編本，第 10 冊，杭州出版社點校本 2004 年版，第 5991 頁，原文作「……貴門公子，乘彩舫遊百花潭，窮奢極麗。諸王、功臣已下，皆置林亭，異果名花，小類神仙之境」。

118. 頁 202 注④，《蜀檮杌》，引文「城頭盡種芙蓉……」

按（宋）張唐英撰，王文才、王炎校箋：《蜀檮杌校箋》卷 4《後蜀後主》，巴蜀書社 1999 年版，第 381 頁，原文作「城上盡種芙蓉……」

119. 頁 202 注⑥，《十國》卷五三，《後蜀‧李昊傳》，引文「秉利權資貨……」

按，此載當為《十國》卷 52《後蜀五‧李昊傳》，第 774 頁。

120. 頁 202 注⑦，《故事》上，引文「倦立且饑……」

按，此載當出自《瑣言》卷 1《日本國王子棋》，第 21～22 頁。

121. 頁 203 注①，《鑒誡錄》，引文「二十萬軍高拱手」。

按（後蜀）何光遠：《鑒誡錄》卷 5《徐後事》，五代史書彙編本，第 10 冊，杭州出版社點校本 2004 年版，第 5903 頁，原文「二十萬軍齊拱手」。

122. 頁 204 注①，《通考》卷四，《田賦考》四，引文「……別輸三升……」

按（元）馬端臨：《通考》卷 4《田賦考四‧歷代田賦之制》，考 53，原文作「……別輸三斗……」

123. 頁 204 注②，《通考》卷四，《田賦考》四，引文「……入倉庫則有

蘗米」。

按《通考》卷4《田賦考四‧歷代田賦之制》，考53，原文作「⋯⋯入倉庫則有蘗錢」。

124. 頁204注④，《新史》卷六九，《南漢世家》，引文「遣巨艦指揮使暨彥贇以兵入海⋯⋯」

按，此載當出自《新史》卷65《南漢世家》，第816頁。

三、第三章　契丹的崛起和中原人民的抗遼鬥爭

1. 頁206注①，《遼史》卷一，《太祖紀》，引文「奇首生都庵山⋯⋯」

按，此載當出自（元）脫脫等：《遼史》卷2《太祖紀下》，中華書局點校本1974年版，第24頁，原文作「奇首生都菴山⋯⋯」

2. 頁207注③，《舊書》卷一一〇，《李光弼傳》，引文「父楷洛，開元初為羽林將軍同正⋯⋯」

按《舊書》卷110《李光弼傳》，第3303頁，原文作「父楷洛，開元初，左羽林將軍同正⋯⋯」

3. 頁208注⑤，《遼史》卷二，《太祖紀》二，引文「⋯⋯挾其政柄⋯⋯已有廣土之志⋯⋯」

按《遼史》卷2《太祖紀下》，第24頁，原文作「⋯⋯執其政柄⋯⋯已有廣土眾民之志⋯⋯」

4. 頁208注⑥，《舊史》卷一三五，《契丹傳》，引文「燕之軍民多為寇掠⋯⋯」

按，此載當出自《舊史》卷137《契丹傳》，第1828頁，原文作「燕之軍民多為寇所掠⋯⋯」

5. 頁208注⑧，《新史》卷72，《四夷附錄‧契丹》，引文「中國之王無代者」。

按《新史》卷72《四夷附錄二》，第886頁，原文作「中國之王無代立者」。

6. 頁209注①，《通鑑》卷二六六，引文「⋯⋯別為一部」。

按《通鑑》卷266，後梁太祖開平元年五月，第8678頁，原文作「⋯⋯別自為一部」。

7. 頁 209 注③,《遼史》卷一,《太祖紀》,引文「獲生口九萬五千」,「俘獲生口萬四千二百」。

按,兩則材料出自同書不同卷,宜分別作注。前引出自《遼史》卷 1《太祖紀上》,第 2 頁。後引出自《遼史》卷 2《太祖紀下》,第 15 頁。

8. 頁 210 注②,《遼史》卷三七,《地理志》一,引文「……戶二千五百」。

按《遼史》卷 37《地理志一》,第 439 頁,原文作「……戶三千五百」。

9. 頁 210 注④,《遼史》卷三七,《地理志》一,引文「……與漢民雜處,居戶四千」。

按《遼史》卷 37《地理志一》,第 439 頁,原文作「……與漢民雜居。戶四千」。

10. 頁 210 注⑦,《遼史》卷三八,《地理志》二,引文「地產鐵,撥戶三百採煉,隨徵轉輸」。

按《遼史》卷 38《地理志二》,第 469 頁,原文作「產鐵,撥戶三百採煉,隨徵賦輸」。

11. 頁 210 注⑨,《遼史》卷三九,《地理志》三,原文「……多伎巧」。

按《遼史》卷 39《地理志三》,第 487 頁,原文作「……多技巧」。

12. 頁 211 注①,《遼史》卷五九,《食貨志》上,引文「各部大臣以上征伐……為其頭下軍州……」

按《遼史》卷 59《食貨志上》,第 926 頁,原文作「各部大臣從上征伐……為頭下軍州……」。

13. 頁 212 注①,《遼史》卷四五,《百官志》上,引文「……兼制中國官分南北……」

按,此載當出自《遼史》卷 45《百官志一》,第 685 頁,原文作「……兼制中國,官分南、北……」

14. 頁 212 注②,《遼史》卷四五,《百官志》上,引文「其實所治皆北面之事」。

按,此載當出自《遼史》卷 45《百官志一》,第 686 頁。

15. 頁 212 注③,《遼史》卷四五,《百官志》上,引文「……夷離堇視刑部……於越坐而論議」。

按，此載當出自《遼史》卷45《百官志一》，第686頁，原文作「……夷離畢視刑部……於越坐而論議以象公師」。

16. 頁212注④，《遼史》卷四七，《百官志》下，引文「皇族四帳世預其選」等。

按，此載當出自《遼史》卷45《百官志一》，第690頁。

17. 頁212注⑤，《遼史》卷四七，《百官志》下，引文「乃用唐制……」

按，此載當出自《遼史》卷47《百官志三》，第772頁。

18. 頁213，《遼史》卷三五《兵衛志》上云：「……常留騎兵，為部帳根本」。

按，此載當出自《遼史》卷35《兵衛志中》，第409頁，原文作「……常留餘兵為部族根本」。

19. 頁213注①，《遼史》卷三二，《營衛志》中，引文「……謂之按缽」。

按《遼史》卷32《營衛志中》，第373頁，原文作「……謂之『捺缽』」。

20. 頁214注①，《遼史》卷五九，《食貨志》上，引文「……分北大濃兀二部……」

按《遼史》卷59《食貨志上》，第924頁，原文作「……分北大濃兀為二部……」

21. 頁214注②，《遼史》卷五九，《食貨志》上，引文「……益以海勒水之善地」。

按《遼史》卷59《食貨志上》，第924頁，原文作「……益以海勒水之善地為農田」。

22. 頁215注①，《遼史》卷六〇，《食貨志》下，引文「群牧蕃息……」

按《遼史》卷60《食貨志下》，第931頁，原文作「群牧蓄息……」

23. 頁215注③，《遼史》卷六〇，《食貨志》下，引文「……有綾錦諸工作、宦者、翰林、伎術、教坊、解抵、秀才、僧、尼、道士皆中國人」。

按，此載當出自《新史》卷73《四夷附錄二》，第906頁，原文作「……有綾錦諸工作、宦者、翰林、伎術、教坊、解抵、秀才、僧、尼、道士等，皆中國人」。

24. 頁215注④，《遼史》卷六〇，《食貨志》下，引文「……禺中交易市北，漏下交易市南……」

按《遼史》卷60《食貨志下》，第929頁，原文作「……禺中交易市北，午漏下交易市南……」

25. 頁216注②，《通鑒》卷二六九，引文「田租皆軍食……」

按《通鑒》卷269，後梁均王貞明三年二月，第8813頁，原文作「田租皆貢軍食……」

26. 頁216注④，同上書（《通鑒》）卷二七一，引文「盧龍巡屬諸州為之殘弊」。

按，此載當出自《通鑒》卷270，後梁均王貞明三年八月，第8819頁。

27. 頁217注①，《通鑒》卷二七五，引文「若與我大河以北……」

按《通鑒》卷275，後唐明宗天成元年七月，第8989頁，原文作「若與我大河之北……」

28. 頁217注②，《通鑒》卷二七六，引文「……奮撾捭劍……」，「契丹北走者殆無子遺」。

按《通鑒》卷276，後唐明宗天成三年五月、八月，第9019、9022頁，原文作「……奮撾揮劍……」，「北走者殆無孑遺」。

29. 頁219注③，《通鑒》卷二八〇，引文「……乞移兵柄……」

按《通鑒》卷280，後晉高祖天福元年四月，第9141頁，原文作「……乞解兵柄……」

30. 頁220注④，《通鑒》卷二八〇，引文「約為父子之國……」

按，此載當出自《舊史》卷137《契丹傳》，第1833頁。

31. 頁221注①，《舊史》卷七〇，《張敬達傳》，引文「……用毛索掛鈴……始則削木節糞以飼其馬……」

按《舊史》卷70《張敬達傳》，第934頁，原文作「……用毛索鈴……始則削木篩糞，以飼其馬……」。

32. 頁222注①，《通鑒》卷二八〇，「奉表稱臣，謂契丹主為父皇帝……」

按，此載當出自《通鑒》卷281，後晉高祖天福三年七月，第9188～9189頁。

33. 頁222注②，《舊史》卷九一，《張從賓傳》，引文「取內庫金帛以給部伍」。

按，此載當出自《舊史》卷97《張從賓傳》，第1289頁。

34. 頁225 注①，《舊史》卷九八，《安重榮傳》，引文「臣昨據熟吐渾節度使白承福、赫連公德等各領部族二萬餘帳……南北將沙陀安定九府等各領部族老小，並牛羊車帳甲馬七八路慕化歸奔，俱至五臺及當地府界，已來安泊……凌害至深……須令點檢壯強……忿恨不已……又朔州節度副使趙崇與本城將校殺偽節度使劉山……」

按《舊史》卷98《安重榮傳》，第1302～1303頁，原文作「臣昨據熟吐渾節度使白承福、赫連公德等，各領部族三萬餘帳……南北將沙陀、安慶、九府等，各領部族老小，並牛羊、車帳、甲馬，七八路慕化歸奔，俱至五臺及當府地界已來安泊……凌害至甚……須令點檢強壯……忿懍不已……續又朔州節度副使趙崇與本城將校殺偽節度使劉山……」

35. 頁226 注①，《舊史》卷八一，《晉少帝紀》，引文「（六月）辛未，遣內外臣僚二十八，分往諸道州府率借粟麥……」

按《舊史》卷81《晉少帝紀一》，第1078頁，原文作「（六月）辛未，遣內外臣僚二十八人分往諸道州府率借粟麥……」

36. 頁227 注①，《通鑑》卷二八三，引文「……令判官李治稱貸於民……」

按《通鑑》卷283，後晉齊王天福八年十二月，第9258頁，原文作「……又令判官李沼稱貸於民……」

37. 頁228 注③④⑤，《舊史》卷七七，《楊光遠傳》，引文「由此怨望……」等。

按，三注均當出自《舊史》卷97《楊光遠傳》，分見第1291、1292、1292頁。

38. 頁229 注②，《舊史》卷九五，《吳巒傳》，引文「契丹主躬率步奚及激海夷等四面進攻」，「……敵之梯衝……」「是日，敵復合圍……」

按《舊史》卷95《吳巒傳》，第1268頁，原文作「契丹主躬率步奚及渤海夷等四面進攻」，「……賊之梯衝……」「是日，賊復合圍……」

39. 頁229 注③，《通鑑》卷二八三，引文「時用兵方略、號令皆延廣……」

按《通鑑》卷283，後晉齊王開運元年正月，第9263頁，原文作「時用兵方略號令皆出延廣……」

40. 頁230 注③，《通鑑》卷二八四，引文「於是，諸軍洶懼無部伍……」

按《通鑑》卷284，後晉齊王開運元年十二月，第9280頁，原文作「於是諸軍恟懼，無復部伍……」

41. 頁230 注④，《舊史》卷九五，《沈贇傳》，引文「……忍以氈幕之眾……」

按，《舊史》卷95《沈贇傳》，第1267頁，原文作「……忍以膻幕之眾……」

42. 頁231 注④，《舊史》卷八三，《晉少帝紀》，引文「……若候風止……即呼眾軍齊力擊賊……風聲尤猛……」

按《舊史》卷83《晉少帝紀三》，第1103～1104頁，原文作「……若俟風止……即呼諸軍齊力擊賊……風勢尤猛……」

43. 頁232 注④，《舊史》卷八三，《晉少帝紀》，引文「……取敵戈矛……」

按，此載當出自《舊史》卷82《晉少帝紀二》，第1087頁，原文作「……取賊戈矛……」

44. 頁232 注⑤，《舊史》卷八三，《晉少帝紀》，引文「援送所掠人口、寶貨等由長蘆入蕃」等。

按，此載當出自《舊史》卷82《晉少帝紀二》，第1087頁。

45. 頁233 注①，《舊史》卷九十，《馬全節傳》，引文「……官府復擾之，則不堪命矣……」

按《舊史》卷90《馬全節傳》，第1181頁，原文作「……官司復擾之，則不堪其命矣……」

46. 頁233 注③，同上書（《通鑑》）卷二八三，引文「……收兵北去」。

按，此載當出自《通鑑》卷284，後晉齊王開運元年三月，第9268頁，原文「……收軍北去」。

47. 頁233 注④，《舊史》卷一三七，《契丹傳》，引文「……其國君臣稍厭兵革」。

按《舊史》卷137《契丹傳》，第1834頁，原文作「……蕃國君臣稍厭兵革」。

48. 頁234 注③，《舊史》卷八三，《晉少帝紀》，引文「每遇四方進獻器皿……」。

按，此載當出自《舊史》卷84《晉少帝紀四》，第1112頁。

49. 頁235 注③，《通鑑》卷二八四，引文「中國疲憊……」

按《通鑑》卷284，後晉齊王開運二年二月，第9284頁，原文作「中國疲弊……」

50. 頁235注④，《通鑒》卷二八四，引文「勒兵不出」，「及契丹退……」

按，此載當出自《舊史》卷88《景延廣傳》，第1144頁。

51. 頁236注④，《冊府》卷一八〇，《帝王·濫賞》，引文「微有功名目，皆次第給繒帛」。

按《冊府》卷180《帝王部·濫賞》注引「史官曰」，第2166頁，原文作「微有功名目，皆次第優給繒帛」。

52. 頁238注②，《舊史》卷九五，《王清傳》，引文「株守於此，營孤食盡」。

按《舊史》卷95《王清傳》，第1262頁，原文作「守株於此，營孤食盡」。

53. 頁239注②，《舊史》卷九八，《張彥澤傳》，引文「所居財貨山積」。

按《舊史》卷98《張彥澤傳》，第1307頁，引文「又所居第，財貨山積」。

54. 頁240注③，《通鑒》卷二八六，引文「擬延壽為中京留守、大丞相、錄尚書事、都督中外軍事，樞密使，燕王如故」，「錄尚書事，都督中外軍事」。

按，此載當出自《舊史》卷98《趙延壽傳》，第1312～1313頁，原文作「擬延壽為中京留守、大丞相、錄尚書事、都督中外諸軍事，樞密使，燕王如故」，「錄尚書事，都督中外諸軍事」。

55. 頁240注⑤，《舊史》卷九八，《趙延壽傳》，引文「……每歲差伊分番於河外沿邊防戍，上策也」。

按《舊史》卷98《趙延壽傳》，第1312頁，原文作「……每歲差伊分番，於河外沿邊防戍，斯上策也」。

56. 頁241注③，《通鑒》卷二八六，引文「……其實無所頒，皆蓄之內庫……」

按《通鑒》卷286，後漢高祖天福十二年正月，第9335頁，原文作「……其實無所頒給，皆蓄之內庫……」

57. 頁241注④，《通鑒》卷二八六，引文「……山林之盜，由是而繁……又多以其子弟及親信左右為節度使，不通政務，華人之狡獪者多依託其麾下……」

按《通鑒》286，後漢高祖天福十二年二月，第9342頁，原文作「……

山林之盜，自是而繁……又多以其子弟及親信左右為節度使、刺史，不通政務，華人之狡獪者多往依其麾下……」

58. 頁 242 注①，《舊史》卷九九，《漢高祖紀》，引文「……時契丹以族人朗鄂為澶州節度使。朗鄂性貪虐……瓊為水運什長，乃構夏津賊帥張乙……」

按《舊史》卷 99《漢高祖紀上》，第 1325～1326 頁，原文作「……時契丹以族人朗五為澶州節度使。契丹性貪虐……瓊為水運什長，乃拘夏津賊帥張乙……」

59. 頁 242 注②，《舊史》卷九九，《漢高祖紀》，引文「……奪器數萬計……城中遺民得七百人而已……王紀宏鎮相州……」

按《舊史》卷 99《漢高祖紀上》，第 1327 頁，原文作「……奪器甲數萬計……城中遺民，得男女七百人而已……王紀弘鎮相州……」

60. 頁 242 注④，《舊史》卷九九，《漢高祖紀》，引文「丹州都指揮使高彥珣殺契丹所命刺史」。

按《舊史》卷 99《漢高祖紀上》，第 1326 頁，原文作「丹州都指揮使高彥珣殺偽命刺史」。

61. 頁 243 注②，《隆平集‧武行德傳》，引文「……行德謂眾曰：『我與若等能為邊地鬼耶？』眾素憂其威名，皆曰：『惟命！』遂攻孟州，逐走其節度使崔延勳，悉以州庫分諸校而權領州事。」

按（宋）曾鞏撰，王瑞來校證：《隆平集校證》卷 16《武行德傳》，中華書局點校本年版，第 491 頁，原文作「行德謂眾曰：『我與若等能為異域鬼耶？』辭氣慷慨，涕泗橫集，眾素服其威名，皆曰惟命。遂攻孟州城，走其偽節度使崔延勳，悉府庫分諸校，而權領州事。」

62. 頁 243 注③，《舊史》卷一三七，《契丹傳》，引文「我有三失：令上國兵士打草穀，一失也……」

按《舊史》卷 137《契丹傳》，第 1836 頁，原文作「我有三失：殺上國兵士，打草穀，一失也……」

63. 頁 246 注②，《舊史》卷九九，《漢高祖紀》，引文「分兵守境，以備寇患」，「應有貢物值契丹將劉九一自土門西入屯於南川，城內憂懼……」等。

按，兩則材料源自不同書，宜分作二注。前引出自《舊史》卷 99《漢高祖紀上》，第 1324 頁。後引當出自《通鑑》卷 286，後漢高祖天福十二年正

月，第 9336 頁，原文作「應有貢物，值契丹將劉九一軍自土門西入屯於南川，城中憂懼……」

64. 頁 246 注③，《通鑒》卷二八六，引文「賜詔褒美……」

按，此載當出自《舊史》卷 99《漢高祖紀上》，第 1324 頁。

65. 頁 246 注④，《通鑒》卷二八六，引文「……未有它變……且觀其所利，止在貨財……」

按《通鑒》卷 286，後漢高祖天福十二年正月，第 9336 頁，原文作「……未有他變……且觀其所利止於貨財……」

66. 頁 247 注①，《通鑒》卷二八六，引文「憤惋久之」等。

按，此載當出自《舊史》卷 99《漢高祖紀上》，第 1325 頁。

67. 頁 247 注②，《闕文》，引文「……吾既為契丹所立……何不且留吾兒……」

按《闕文》，《漢史·王淑妃許王從益》，第 2457 頁，原文作「……吾兒為契丹所立……何不且留我兒……」

68. 頁 247 注③，《舊史》卷一百，《漢高祖紀》，引文「……東、西京一百內放今年夏稅，一百里外及京城今年屋稅並放一半……諸貶降官未量移、已量移者，與敘錄……流人並放還……」

按《舊史》卷 100《漢高祖紀下》，第 1332～1333 頁，原文作「……東、西京一百里外放今年夏稅；一百里內及京城，今年屋稅並放一半……諸貶降官，未量移者與量移，已量移者與敘錄……徒流人並放還……」

69. 頁 248 注③，《舊史》卷一〇九，《杜重威傳》，引文「鄴城士庶殍殆者十之六七焉」。

按《舊史》卷 109《杜重威傳》，第 1436 頁，原文作「鄴城士庶，殍殆者十之六七」。

70. 頁 249 注①，《冊府》卷九五，《帝王·赦宥》，引文「……寰區為戎馬之所……百萬之重聚……」

按《冊府》卷 95《帝王部·赦宥十四》，第 1133 頁，原文作「……寰區為虜馬之鄉……百萬之生聚……」

71. 頁 249 注②，《舊史》卷一〇八，《蘇逢吉傳》，引文「時有鄆州捕賊使臣張柔盡殺平陰縣十七村民……」，「好鮮衣美食，中書供膳……」

按《舊史》卷 108《蘇逢吉傳》，第 1424 頁。原文作「時有鄆州捕賊使臣張令柔盡殺平陰縣十七村民……」，「好鮮衣美食，中書公膳……」

72. 頁 250 注①，《舊史》卷一〇七，《史弘肇傳》，引文「其他斷舌、決口、斷筋、折足者，僅無虛日」。

按《舊史》卷 107《史弘肇傳》，第 1404 頁，原文作「其他斷舌、決口、斷筋、折足者，僅無虛日」。

73. 頁 250 注②，《舊史》卷一〇七，《史弘肇傳》，引文「其府屬公利……貪庚兇暴……以輸宏肇……」

按《舊史》卷 107《史弘肇傳》，第 1405 頁，原文作「其屬府公利……貪戾兇橫……以輸弘肇……」

74. 頁 250 注③，同上書（《舊史》）卷二，《王章傳》，引文「專於權利……」等。

按，此載當出自《舊史》卷 107《王章傳》，第 1410 頁。

75. 頁 251 注①，《舊史》一〇七，《劉銖傳》，引文「……至數百步方止，肌體無完者……」

按《舊史》卷 107《劉銖傳》，第 1414～1415 頁，原文作「……至數百步外方止，膚體無完者……」

76. 頁 251 注②，《冊府》卷五四七，《諍諫·直諫》，引文「……省餘之外……」「又放絲三萬兩配織絹五十四……」

按《冊府》卷 547《諍諫部·直諫十四》，原文作「……省條之外……」，「放絲三萬兩配織絹五千匹……」

77. 頁 251 注③，同上書卷（《冊府》卷五四七，《諍諫·直諫》），引文「每秋苗一畝，率錢三十，夏苗一畝，率錢二千……」

按，此載當出自《舊史》卷 107《劉銖傳》，第 1415 頁，原文作「每秋苗一畝率錢三千，夏苗一畝錢二千……」

78. 頁 254 注①，《舊史》卷一一〇，《周太祖紀》，引文「常接賓客……幅巾短衣……昌鋒刃……親為撫循……」

按《舊史》卷 110《周太祖紀一》，第 1450～1451 頁，原文作「居常接賓客……幅巾短後……冒鋒刃……親為循撫……」

79. 頁 255 注④，同上書卷（《舊史》卷一〇七），《王章傳》，引文「……

命有司高估其價……」

按《舊史》卷 107《王章傳》，第 1410 頁，原文作「……命所司高估其價……」

80. 頁 256 注①，《通鑒》卷二八九，引文「……今反以外制內，可乎」。

按《通鑒》卷 289，後漢隱帝乾祐三年四月，第 9422 頁，原文作「……今反以外制內，其可乎」。

81. 頁 256 注③，《通鑒》卷二八九，引文「審圖之，勿使他人有言」。

按《通鑒》卷 289，後漢隱帝乾祐三年十一月，第 9431 頁，原文作「審圖之，勿令人有言」。

82. 頁 256 注④，《通鑒》卷二八九，引文「健兒為國戍邊……」

按，此載當出自《舊史》卷 107《史弘肇傳》，第 1405 頁。

83. 頁 260 注①，《舊史》卷一三五，《劉崇傳》，引文「……朝廷命行，多不稟行……」

按《舊史》卷 135《劉崇傳》，第 1811 頁，原文作「……朝廷命令，多不稟行……」

84. 頁 260 注③，同上書卷（《通鑒》卷二九〇），引文「……自餘薄有資給，故其國內少廉吏」。

按《通鑒》卷 290，後周太祖廣順元年正月，第 9454 頁，原文作「……自餘薄有資給而已，故其國中少廉吏」。

85. 頁 261 注①，《舊史》卷七〇，《東漢世家》，引文「……五臺當契丹境上……」

按，此載當出自《新史》卷 70《東漢世家》，第 868 頁，原文作「……五臺當契丹界上……」

四、第四章　統一趨勢的發展和後周的改革

1. 頁 263 注②，《故事》下，引文「詐病以死訃於（延）棨」。
按《故事》卷下《偽閩王氏》，第 3195 頁，原文作「詐疾以死，訃於棨」。

2. 頁 263 注③，《通鑒》卷二七七，引文「其初數年，頗亦善守」。
按，此載當出自《故事》卷下《偽閩王氏》，第 3195 頁。

3. 頁 264 注①，《故事》下，引文「度民萬人為僧，由是閩中多僧」。

按，此載當出自《通鑑》卷 276，後唐明宗天成三年十二月，第 9026 頁，原文作「度民二萬為僧，由是閩中多僧」。

4. 頁 264 注②，《故事》下，引文「……致富人以罪而籍沒其貲以任用……」

按，此載當出自《新史》68《閩世家》，第 848 頁，原文作「……致富人以罪，而籍沒其貲以佐用……」

5. 頁 265 注⑤，《通鑑》卷二八一，引文「……藉而獻之」。

按《通鑑》卷 281，後晉高祖天福二年六月，第 9176 頁，原文作「……籍而獻之」。

6. 頁 265 注⑦，《故事》下，引文「因召市井屠沽輩別立拱宸軍名……飲食之器悉皆中金所給，奉賜複數倍於威武」。

按《故事》卷下《偽閩王氏》，第 3196 頁，原文作「因召市井屠沽輩，別立宸衛軍名……飲食之器悉皆中金，所給俸賜複數倍於威武」。

7. 頁 266 注①，《故事》下，引文「鍛銀葉為酒杯，以飲群下，銀葉既柔弱……惟飲乃可捨」。

按《故事》卷下《偽閩王氏》，原文作「鍛銀葉為酒杯，以賜飲群下，銀葉即柔弱……惟飲盡乃可捨」。

8. 頁 266 注③，《故事》下，引文「福建之間，暴骨如莽」。

按，此載當出自《通鑑》卷 282，後晉高祖天福六年七月，第 9226 頁。

9. 頁 266 注④，《通鑑》卷二八二，引文「日進貸諸省務錢以足之」，「請令致仕者自非廕補……以資望高下及州縣戶口多寡定值……」

按《通鑑》卷 282，後晉高祖天福六年六月，第 9225 頁，原文作「貸諸省務錢以足之」，「令欲仕者，自非廕補……以資望高下及州縣戶口多寡定其值……」

10. 頁 268 注③，《十國》卷九一，《閩·惠宗紀》，引文「……科取之法率低唐兩稅而重焉」。

按《十國》卷 91《閩二·惠宗紀》，第 1323 頁，原文作「……科取之法，大率效唐兩稅而加重焉」。

11. 頁 268 注④，《十國》卷九二，《閩·康宗紀》，引文「諸州計口算錢……」

按，此載當出自《十國》卷 91《閩二·康宗紀》，第 1331 頁，原文作「諸州各計口算錢……」

12. 頁 268 注⑤，《通鑒》卷二八一，引文「詔民有隱年者杖……果蔬雞豚皆重徵之」。

按《通鑒》卷281，後晉高祖天福二年六月，第9176頁，原文作「詔民有隱年者杖背……果菜雞豚，皆重徵之」。

13. 頁 268 注⑥，同上書（《通鑒》）卷二八二，引文「民避重賦者多為僧……」

按《通鑒》卷282，後晉高祖天福五年七月，第9216頁，原文作「民避重賦多為僧……」

14. 頁 268 注⑧，《通鑒》卷二八三，引文「……賦斂繁重……將攻長汀，曾不憂金陵、錢塘相襲……括高貲戶，多者補官……諸津徵果菜魚米……」

按《通鑒》卷283，後晉齊王天福八年五月，第9250～9251頁，原文作「……賦斂煩重……將攻臨汀，曾不憂金陵、錢塘乘虛相襲……括高貲戶，財多者補官……延平諸津，徵果菜魚米……」

15. 頁 269 注②，《通鑒》卷二八三，引文「死者二萬餘人……」

按，此載當出自《通鑒》卷286，後漢高祖天福十二年三月，第9350頁。

16. 頁 270 注②，《史補》，引文「……今有子如此，高郁安得取此耶」。

按《史補》卷 3《馬希範殺高郁》，第 2501 頁，原文作「……今有子如此，高郁安得取之耶」。

17. 頁 270 注③，《史補》，引文「主上爭戰得天下，能有機數……若梁朝王彥章罷兵權……」

按《史補》卷 3《馬希範殺高郁》，第 2501 頁，原文作「主上戰爭得天下，能用機數……若梁朝王彥章罷兵權也……」

18. 頁 272 注①，《通鑒》卷二八三，引文「……秋冬用木棉」。

按《通鑒》卷283，後晉高祖天福七年十月，第9241頁，原文作「……秋冬用木綿」。

19. 頁 272 注②，《十國》卷六八，《楚·文昭王世家》，引文「又建會春園、嘉宴堂、金華殿，所費鉅萬」。

按《十國》卷 68《楚二·文昭王世家》，第 956 頁，原文作「又建會春園、嘉宴堂、金華殿，其費鉅萬」。

20. 頁 272 注④，《通鑑》卷二八三，引文「但今田在，何憂無穀」。

按《通鑑》卷 283，後晉齊王天福八年十二月，第 9259 頁，原文作「但今田在，何憂無穀」。

21. 頁 272 注⑤，《通鑑》卷二八三，引文「……惟貧者受刑」，「又置函使人投匿名書相訐……」

按《通鑑》卷 283，後晉齊王天福八年十二月，第 9259 頁，原文作「……惟貧弱受刑」，「又置函，使人投匿名書相告訐……」

22. 頁 274 注②，《通鑑》卷二八九，引文「……又作大象於高樓，手指水面……」

按《通鑑》卷 289，後漢隱帝乾祐三年十二月，第 9445 頁，原文作「……又作大象於高樓，手指水西……」

23. 頁 274 注③，《通鑑》卷二八九，引文「……請令（許）可瓊陣（嶽麓）山前，臣以步兵三千自巴溪渡江，趨岳麓後，夜擊之」。

按，此載當出自《新史》卷 66《楚世家》，第 828 頁，原文作「……請令可瓊等陣山前，臣以步兵三千自巴溪渡江趨岳麓，候夜擊之」。

24. 頁 274 注④，《通鑑》卷二八九，引文「……所積寶貨，悉入蠻落……」

按《通鑑》卷 289，後漢隱帝乾祐三年十二月，第 9445 頁，原文作「……所積寶貨，皆入蠻落……」

25. 頁 274 注⑥，《十國》卷六九，《楚恭孝王世家》，引文「府庫既盡於亂兵……」

按，此載當出自《通鑑》卷 290，後周太祖廣順元年三月，第 9458 頁。

26. 頁 276 注③，《九國志》卷十一，《王逵傳》，引文「本無鈐略，不能馭下」，「分廳案事，軍政紊亂」。

按《九國志》卷 11《楚·王逵傳》，第 3361 頁，原文作「本無鈐略，不能馭群下」，「分廳案事，軍政淆亂」。

27. 頁 277 注⑤，《新史》卷六六，《楚世家》，引文「公用法太嚴而失人心，所以不敢留者……」

按《新史》卷 66《楚世家》，第 831 頁，原文作「公用法太嚴而失人心，所以不欲留者……」

28. 頁 277 注⑦，《通鑑》卷二九三，引文「侍中境內彌無太保……」

　　按《通鑑》卷293，後周世宗顯德三年七月，第9557頁，原文作「侍中境內，彌天太保……」

　　29. 頁279注①，《十國》卷五八，《南漢‧高祖紀》，引文「……亦不失為風流天子」。

　　按《十國》卷58《南漢一‧高祖紀》，第850頁，原文作「……亦不失作風流天子」。

　　30. 頁279注③，《十國》卷六六，《南漢‧陳延壽傳》，引文「先是，高祖（劉龑）寵任中官……因稱土人為『門外人』，卒以此亡國」。

　　按《十國》卷66《南漢九‧陳延壽傳》，第923頁，原文作「先是，高祖雖寵任中官……因謂土人為門外人，卒以此亡國」。

　　31. 頁280注①，《通鑒》卷二七九，引文「昏暴益甚，為長夜之飲」。

　　按，此載當出自《故事》卷下《偽漢彭城氏》，第3193頁。

　　32. 頁280注②，《通鑒》卷二七九，引文「作樂酣飲，夜與倡婦微行……」等。

　　按，此載當出自《通鑑》卷283，後晉齊王天福八年三月，第9249頁。

　　33. 頁280注③，《新史》卷六五，《南漢世家》，引文「諸弟相次皆見殺」。

　　按《新史》卷65《南漢世家》，第815頁，原文作「諸弟相次見殺」。

　　34. 頁281注②，《十國》卷六六，《南漢‧張遇賢傳》，引文「張遇賢是第十羅漢，當為汝主」。

　　按《十國》卷66《南漢九‧張遇賢傳》，第925頁，原文作「張遇賢是第十六羅漢，當為汝主」。

　　35. 頁281注③，《九國志》卷九，《劉洪杲傳》，引文「改元永樂，置百官」。

　　按，此載當出自《通鑑》卷283，後晉高祖天福七年七月，第9239頁。

　　36. 頁282注①，《新史》卷六五，《南漢世家》，引文「胡子自言玉皇降胡子身……」。

　　按《新史》卷65《南漢世家》，第817頁，原文作「（胡子）自言玉皇降胡子身……」。

　　37. 頁282注②，《新史》卷六五，《南漢世家》，引文「澄樞皆上天使來輔太子，有罪不可問」。

按《新史》卷65《南漢世家》，第817頁，原文作「澄樞等皆上天使來輔太子，有罪不可問」。

38. 頁282注④，《新史》卷六五，《南漢世家》，引文「盡焚府庫宮殿」。

按《新史》卷65《南漢世家》，第819頁，原文作「盡焚其府庫、宮殿」。

39. 頁283注④，同上書（《十國》）卷六三，《南漢：梁嵩：周紓傳》，引文「錫賚皆不受，請蠲本州一歲丁賦」。

按，此載宜作《十國》卷63《南漢六：梁嵩傳》，第897頁，原文作「錫賚皆卻不受，請蠲本州一歲丁賦」。

40. 頁283注④，同上書（《十國》）卷六三，《南漢：梁嵩：周紓傳》，引文「睦鄰封，續舊封……」

按，此載宜作《十國》卷63《南漢六：李紓傳》，第898頁。

41. 頁284注②，《立談》，引文「……朕借楊、徐遺業……錐未處囊中故也……」

按《立談》，第5010頁，原文作「……朕藉楊、徐遺業……錐未得處囊中故也……」

42. 頁285注①，《立談》，引文「……湖湘既定而覆滅……」

按《立談》，第5012頁，原文作「……湖湘既定而復變……」

43. 頁285注②，《通鑒》卷二八六，引文「陛下欲復祖業……」

按《通鑒》卷286，後漢高祖天福十二年正月，第9338頁，原文作「陛下恢復祖業……」

44. 頁286注①，《通鑒》卷二八七，引文「乃眷中原，本朝舊地」。

按《通鑒》卷287，後漢高祖天福十二年六月，第9368頁，原文作「乃眷中原，本朝故地」。

45. 頁286注③，《通鑒》卷二八七，引文「時唐士卒厭兵，莫有鬥志……」

按，此載當出自《通鑒》卷288，後漢高祖乾祐元年十一月，第9404頁。

46. 頁286注④，《舊史》卷一一二，《周太祖紀》，引文「助茲兇惡，非良算也」。

按《舊史》卷112《周太祖紀三》，第1480頁，原文作「助茲凶慝，非良算也」。

47. 頁 287 注②，《十國》卷五二，《南唐·李家明傳》，引文「雨雖來，必不敢入城」等。

按，此載當出自《十國》卷 32《南唐八·李家明傳》，第 460 頁。

48. 頁 287 注③，《玉壺清話》卷十，《南唐遺事》，引文「……彥真託潯濠為名……彥真選上腴，賤價以市之……歲積百億」。

按（宋）僧文瑩：《玉壺清話》卷 10《南唐遺事》，中華書局點校本 1984 年版，第 101 頁，原文作「……彥貞託潯濠為名……彥貞選上腴賤價以市之……歲積巨億」。

49. 頁 288 注③，《十國》卷三十，《南唐·劉承勳傳》，引文「蓄妓數百人，每置一妓……」

按《十國》卷 30《南唐十六·劉承勳傳》，原文作「蓄伎數十百人，每置一伎……」

50. 頁 288 注④，《十國》卷二七，《南唐·孫晟傳》，引文「……家益豪富，不設几案，使眾妓各執一器，環立而侍，號『肉合盤』……」

按《十國》卷 27《南唐十三·孫晟傳》，第 382 頁，原文作「……家益豪富，每食不設几案，使眾伎各執一器，環立而侍，號『肉臺盤』……」

51. 頁 289 注①，《立談》，引文「……今拔以取之，以傅斥鷃……」

按《立談》，第 5008 頁，原文作「……今拔取之以傅斥鷃……」

52. 頁 290 注③，同上書卷（《九國志》卷七），《張業傳》，引文「……犯者十倍徵之，民不堪命」。

按《九國志》卷 7《後蜀·張業傳》，第 3304 頁，原文作「……犯者十倍徵之，吏民不堪其命」。

53. 頁 290 注⑥，《故事》上，引文「昶好打毬走馬……」

按，此載當出自《新史》卷 64《後蜀世家》，第 803 頁，原文作「昶好打球走馬……」

54. 頁 290 注⑦，《新史》卷六四，《後蜀世家》，引文「而民間懼其搜選……」

按，此載當出自《故事》卷上《後蜀孟氏》，第 3188 頁。

55. 頁 291 注③，《容齋續筆》卷一，《戒石銘》，引文「……下民易虐，上無難欺……勉爾為戒，體朕深意」。

按《容齋續筆》卷 1《戒石銘》，見《容齋隨筆》，第 220 頁，原文作「……

下民易虐，上天難欺……勉爾為戒，體朕深思」。

56. 頁 292 注②，《新史》卷六四，《後蜀世家》，引文「……至於溺器，皆以七寶為之」。

按《新史》卷 64《後蜀世家》，第 806 頁，原文作「……至於溺器，皆以七寶裝之」。

57. 頁 292 注③，《故事》上，引文「……環結珠香囊，垂於四角……」

按《故事》卷上《後蜀孟氏》，第 3188 頁，原文作「……環結珠香囊至於四角……」

58. 頁 292 注④，《閒話》，引文「……每春三月、夏四月多有遊花浣及錦浦者……華軒采舫，共賞百花潭上；至諸王功臣已下，皆各置林亭、異果、名花，充溢其中」。

按《閒話》，《頒令籤》，第 5991 頁，原文作「……每春三月、夏四月，人遊花浣者、遊錦浦者……貴門公子，乘彩舫遊百花潭，窮奢極麗。諸王功臣已下，皆置林亭，異果名花，小類神仙之境」。

59. 頁 292 注⑥，同上書（《十國》）卷五三，《後蜀·范禹偁傳》，引文「賄厚者登高科而評其直（值）」。

按《十國》卷 53《後蜀六·范禹偁傳》，第 782 頁，原文作「賄厚者登高科，面評其直」。

60. 頁 293 注①，《舊史》卷七九，《晉高祖紀》，引文「群盜張達、任康劫清水德鐵之城以應之」

按《舊史》卷 79《晉高祖紀五》，第 1037 頁，原文作「群盜張達、任康等劫清水德鐵之城以應之」。

61. 頁 293 注②，《九國志》卷七，《張虔釗傳》，引文「……雄武軍節度使何重進出隴右……」

按《九國志》卷 7《後蜀·張虔釗傳》，第 3308 頁，原文作「……雄武軍節度使何重建出隴右……」

62. 頁 294 注⑤，《舊史》卷一一三，《周太祖紀》，引文「遼幽州榷鹽制置使兼防州刺史、知盧臺軍事張藏英以本軍兵士及職員戶人、孳蓄七千頭歸化」。

按《舊史》卷 113《周太祖紀四》，第 1497 頁，原文作「契丹幽州榷鹽制

置使兼防州刺史、知盧臺軍事張藏英，以本軍兵士及職員戶人孳蓄七千頭口歸化」。

63. 頁 296 注⑤，《舊史》卷一〇九，《李守貞傳》，引文「光遠有孔目官宋顏者……」

按《舊史》卷 109《李守貞傳》，第 1438 頁，原文作「光遠有孔目官吏宋顏者……」

64. 頁 297 注①，《廿二史劄記》卷二二，《五代幕僚之禍》，引文「……然藩鎮皆武夫，持權任氣……」

按（清）趙翼撰，王樹民校證：《廿二史劄記校證》卷 22《五代幕僚之禍》，中華書局 1984 年版，第 476 頁，原文作「……然藩鎮皆武夫，恃權任氣……」

65. 頁 297 注⑤，《舊史》卷一〇一，《漢隱帝紀》，引文「……故當時從事鮮賓客之禮，重足一跡而事之……」

按《舊史》卷 101《漢隱帝紀上》，第 1349 頁，原文作「……故當時從事鮮賓客之禮，重足累跡而事之……」

66. 頁 298 注①，馬令：《南唐書》卷十三，《韓熙載傳》，引文「（中原）用吾為相，取江淮如探囊中物耳」。

按（宋）馬令：《南唐書》卷 13《儒者傳上》，五代史書彙編本，第 9 冊，杭州出版社點校本 2004 年版，第 5351 頁，原文作「中國用吾為相，取江淮如探囊中物爾」。

67. 頁 298 注②，《舊史》卷一一〇，《周太祖紀》，引文「或云本常氏子……」
按《舊史》卷 110《周太祖紀一》，第 1447 頁，原文作「或云本常氏之子……」

68. 頁 299 注①，《闕文》，引文「守貞在晉，累典禁軍，因謂軍情附己……廣施惠愛……」

按《闕文》《周太祖馮道》，第 2458 頁，原文作「守貞在晉累典禁兵，自為軍情附己……廣施恩愛……」

69. 頁 299 注⑥，《舊史》卷一一一，《周太祖紀》，引文「仍詔有司……」
按《舊史》卷 111《周太祖紀二》，第 1468 頁，原文作「仍詔所司……」

70. 頁 300 注①，《舊史》卷一一二，《周太祖紀》，引文「諸道州府係屬戶部營田及租稅課利節級，一切停廢。應有客戶元（原）佃係莊田，桑土舍

宇，便賜逐戶，永為永業，仍仰縣司給於憑由……所有見牛犢並賜本戶，永不收繫。」

按《舊史》卷112《周太祖紀三》，第1488頁，原文作「諸道州府係屬戶部營田及租稅課利等……其職員節級，一切停廢。應有客戶元佃係省莊田、桑土、舍宇，便賜逐戶，充為永業，仍仰縣司給與憑由……所有見牛犢並賜本戶，官中永不收繫。」

71. 頁300注⑤，《通鑒》卷二九一，引文「……戶部別置官司總額……」

按《通鑒》卷291，後周太祖廣順三年正月，第9488頁，原文作「……戶部別置官司總領……」

72. 頁301注①，《會要》卷二五，《逃戶》，引文「……五年內歸業者，三分交還一分……如五周年外歸田者……只仰交各與歸業人佃蒔……其莊田已被別戶請射，無處歸化……並莊園，三分內交還二分……十五周年內來者，三分交還一分……一，應有坐家破逃走人戶……不限年歲，不在識認之列……其本戶歸業之時，不許計年限……」

按《會要》卷25《逃戶》，第406～407頁，原文作「……五周年內歸業者，三分交還一分……如五周年外歸業者……只仰交割與歸業人佃蒔……其莊田已被別戶請射，無處歸託……並莊園三分中交還二分……十五周年內來者，三分中交還一分……一，應有坐家破逃人戶……不限年歲，不在論認之限……其本戶歸業之時，不計年限……」

73. 頁302注①，《元氏長慶集》卷三八，《同州奏均田》，引文「至於富豪之家……」

按（唐）元稹：《元稹集》卷38《同州奏均田》，中華書局點校本1982年版，第435頁，原文作「富豪兼併……」

74. 頁302注②，《會要》卷二五，《租稅》，引文「庶公王親覽，觸目驚心，利國便民，無亂條例……」

按《會要》卷25《租稅》，第402頁，原文作「庶公王觀覽，觸目警心，利國便民，無亂條制……」

75. 頁302注④，《冊府》卷四八八，《賦稅》；卷四九五，《田制》，引文「總計檢到戶二百三十九萬九千八百一十三……」

按《冊府》卷488《邦計部·賦稅二》，第5844頁；同書卷495《邦計部·

田制》，第 5934 頁，原文作「總計檢到戶二百三十萬九千八百一十二……」

76. 頁 302 注⑥，《通考》卷四，《田賦考》四，原文作「先是，歷代以聖人之後，不預租庸……」

按《通考》卷 4《田賦考四・歷代田賦之制》引「止齋陳氏說」，考 54，原文作「先是，歷代以聖人之後，不預庸調……」

77. 頁 303 注①，《冊府》卷四八八，《賦稅》，引文「今後夏稅以六月一日起徵，秋稅至十月一日起徵……」

按《冊府》卷 488《邦計部・賦稅二》，第 5843 頁，原文作「今後夏稅以六月一日起徵，秋稅以十月一日起徵……」

78. 頁 303 注②，《會要》卷二五，《租稅・雜錄》，引文「應有商賈興販牛畜，不計黃、水牛……」

按，此載當出自《會要》卷 25《雜錄》，第 404 頁，原文作「應有商賈興販牛畜，不計黃牛、水牛……」

79. 頁 303 注③，《冊府》卷五四七，《諫諍・直諫》，引文「……臣謂，聚僧不如聚兵……」

按《冊府元龜》卷 547《諫諍部・直諫十四》，第 6575 頁，「……臣以為，聚僧不如聚兵……」

80. 頁 304 注②，《冊府》卷十七，《帝王・務農》，引文「令民每口種韭一畦，以助其食」。

按，此載當出自《冊府》卷 70《帝王部・務農》，第 794 頁。

81. 頁 305 注①，《通鑒》卷二九四，引文「刻木為農夫蠶婦，置之殿庭」。

按《通鑒》卷 294，後周世宗顯德五年十月，第 9588 頁，原文作「刻木為耕夫、蠶婦，置之殿庭」。

82. 頁 305 注②，《通鑒》卷二九四，引文「詔諸州境鄉村……」

按《通鑒》卷 294，後周世宗顯德五年十月，第 9587～9588 頁，原文作「詔諸州並鄉村……」

83. 頁 305 注⑦，《會要》卷二六，《鹽》，引文「……今後青鹽一石依舊抽稅八百……」

按《會要》卷 26《鹽》，第 419 頁，原文作「……今後青鹽每一石依舊抽稅八百……」

84. 頁 306 注②，《舊史》卷一四六，《食貨志》，引文「曹、宋已西十餘州皆食顆鹽」。

按《舊史》卷 146《食貨志》，第 1953 頁，原文作「曹、宋已西十餘州，皆盡食顆鹽」。

85. 頁 306 注③，《通鑑》卷二九一，著文「後周太祖改為五斤以上處死」。

按，此載當出自《通鑑》卷 290，後周太祖廣順二年七月，第 9481 頁。

86. 頁 306 注④，《通鑑》卷二九一，引文「……漢法，犯牛皮一寸處死」。

按《通鑑》卷 291，後周太祖廣順二年十一月，第 9486 頁，原文作「……漢法，犯私牛皮一寸抵死」。

87. 頁 306 注⑥，《冊府》卷一六〇，《帝王：革弊》，引文「……凡蜀人所立諸色科條，悉罷之」。

按，此載當出自《通鑑》卷 292，後周世宗顯德二年十一月，第 9533 頁，原文作「……凡蜀人所立諸色科徭，悉罷之」。

88. 頁 306 注⑦，《通鑑》卷二九四，引文「以克復之始，悉命除放，甚允來蘇之望」。

按，此載當出自《冊府》卷 160《帝王部：革弊二》，第 1938 頁，原文作「以克復之始，悉命除放，民情悅，甚允（來）蘇之望」。

89. 頁 307 注⑥，《會要》卷二七，《疏鑿利人》，引文「於雍、耀之間疏涇水以溉稻田」。

按《會要》卷 27《疏鑿利人》，第 433 頁，原文作「於雍、耀二州界疏涇水以溉田」。

90. 頁 308 注①，《舊史》卷一一八，《後周世宗紀》，引文「詔疏下汴水一派……」

按，此載當出自《會要》卷 27《漕運》，第 431 頁。

91. 頁 309 注①，《會要》卷二六，《城郭》，引文「……加之坊市之中……僦貨之資……供辦實多。而又屋宇交通……」

按《會要》卷 26《城郭》，第 417 頁，原文作「……加以坊市之中……僦賃之資……供辦實難。而又屋宇交連……」

92. 頁 309 注④，《會要》卷二四，《街巷》，引文「……倍減寒燠之苦……」

按，此載當出自《會要》卷26《街巷》，第414頁，原文作「……倍減燠寒之苦……」

93. 頁310注②，《玉壺清話》卷三，引文「……知景所造，賜酒犒其工……景後邀百貨於樓……」

按《玉壺清話》卷3，第27頁，原文作「……知景所造，頗喜，賜酒犒其工……景後邀巨貨於樓……」

94. 頁311注①，《冊府》卷四九八，《邦計·漕運》，引文「……近聞彼民頗有勞弊……」

按《冊府》卷498《邦計部·漕運》，第5973頁，原文作「……近聞彼民頗甚勞弊……」

95. 頁311注②，《冊府》卷一六〇，《帝王·革弊》，引文「……每日課造軍器……仍更於本部內配土產物……」

按《冊府》卷160《帝王部·革弊二》，第1937頁，原文作「……每日課定造軍器……仍更於本部內廣配土產物……」

96. 頁311注③，《舊史》卷一一一，《周太祖紀》，引文「……兼占留屬省物過當，乃令罷之……」

按，此載當出自《舊史》卷112《周太祖紀三》，第1485頁，原文作「……兼占留屬省物用過當，乃令罷之……」

97. 頁311注④，《容齋隨筆》卷十，《絁綢絹尺度》，引文「舊制織造絁、、絹、布、綾、羅、錦、綺、紗、縠等幅闊二尺，起來年須及二尺五分……每匹須及十二兩……」

按，此載當出自《容齋三筆》卷10《絁綢絹尺度》，見《容齋隨筆》，第541頁，原文作「舊制：織造絁　、絹布、綾羅、錦綺、紗縠等，幅闊二尺起，來年後並須及二尺五分……每匹須及一十二兩……」

98. 頁312注③，《會要》卷二七，《泉貨》，引文「……其私下所納到銅，據斤兩付價錢」。

按《會要》卷27《泉貨》，第437頁，原文作「……其私下所納到銅，據斤兩付給價錢」。

99. 頁312注④，《通鑒》卷二九二，引文「……彼銅象豈所謂佛邪……亦非可惜也」。

按《通鑑》卷292，後周世宗顯德二年九月，第9530頁，原文作「……彼銅像豈所謂佛邪……亦非所惜也」。

100. 頁313 注①，《通鑑》卷二九四，引文「……其後，罷諸司公廨錢……」

按《通鑑》卷294，後周世宗顯德五年十二月胡三省注，第9589頁，原文作「……其後罷諸司公廨本錢……」

101. 頁313 注②，《冊府》卷一六〇，《帝王‧革弊》，引文「屬州帳內有羊、豬、紙、炭等戶並羊毛、紅花、紫草及進奉官料……今欲並放為散戶」。

按《冊府》卷160《帝王部‧革弊二》，第1937頁，原文作「屬州帳內有羊、豬、紙、炭等戶，並羊毛、紅花、紫草及進奉官月料……今並欲放免為散戶」。

102. 頁313 注③，《會要》卷二七，《諸色料錢》下，引文「右諸州府……」

按，此載當出自《會要》卷28《諸色料錢下》，第447頁。

103. 頁314 注①，《舊史》卷一一二，《周太祖紀》，引文「文宣王百代帝王之師，得無敬乎」。

按《舊史》卷112《周太祖紀三》，第1482頁，原文作「文宣王百代帝王師也，得無敬乎」。

104. 頁314 注②，《舊史》卷一一二，《周太祖紀》，引文「詔降兗州為防禦州，仍為望州」，「詔端明殿學士顏衎權知兗州事」。

按《舊史》卷112《周太祖紀三》，第1481、1482頁，原文作「詔兗州降為防禦州，仍為望州」，「詔端明殿學士顏衎權知兗州軍州事」。

105. 頁314 注③，《舊史》卷一一三，《周太祖紀》，引文「……頃因唐末藩鎮殊風，及歷歲時……」

按《舊史》卷113《周太祖紀四》，第1497頁，原文作「……頃因唐末藩鎮殊風，久歷歲時……」

106. 頁315 注⑥，《舊史》卷一二四，《王殷傳》，引文「……凡河北征鎮有戍兵處……」

按《舊史》卷124《王殷傳》，第1626頁，原文作「……凡河北征鎮有戍兵處……」

107. 頁316 注④，《舊史》卷一一二，《周太祖紀》，著文「考城縣巡檢供奉官馬彥勍匿敕書，殺獄囚，處斬」。

按，此載當出自《舊史》卷111《周太祖紀二》，第1473頁。

108. 頁316 注⑤，《舊史》卷一一一，《周太祖紀》，著文「供奉官武懷贊盜馬價入己，處斬」。

按，此載當出自《舊史》卷113《周太祖紀四》，第1498頁。

109. 頁316 注⑨，《舊史》卷一一三，《周太祖紀》，引文「在宋州日放得絲四萬一千四百兩請徵入官」。

按《舊史》卷113《周太祖紀四》，第1496頁，原文作「在宋州日出放得絲四萬一千四百兩，請徵入官」。

110. 頁316 注⑩，《舊史》卷一一二，《周太祖紀》，著文「中書舍人劉濤遣男劉瓊代草制詞，父子俱貶外任卑職」。

按，此載當出自《舊史》卷111《周太祖紀二》，第1475頁，「劉瓊」原作「劉頊」。

111. 頁317 注②，同上書（《舊史》）卷一一九，《周世宗紀》，著文「楚州防禦使張順隱落榷稅錢五十萬、官絲綿二千兩賜死。楚州兵馬都監武懷恩擅殺降軍四人，處斬」。

按，此載當出自《舊史》卷118《周世宗紀五》，第1576頁。

112. 頁317 注③，《舊史》卷一一七，《周世宗紀》，著文「貶後遇赦重任的濠州刺史齊藏英犯法，處斬」。

按《舊史》卷117《周世宗紀四》，第1560頁，「齊藏英」原作「齊藏珍」。

113. 頁317 注⑥，同上書（《舊史》）卷一一五，《周世宗紀》，著文「太僕卿劇可久舉人不當，罷官」。

按，此載當出自《舊史》卷116《周世宗紀三》，第1549頁。

114. 頁317 注⑦，同上書（《舊史》）卷一一五，《周世宗紀》，著文「御史中丞楊昭儉、知雜侍御史趙礪、侍御使張糺審獄失實，並罷官。」

按，此載當出自《舊史》卷116《周世宗紀三》，第1548頁。

115. 頁317 注⑧，同上書（《舊史》）卷一一六，《周世宗紀》，引文「為人清苦，臨事有守」等。

按，此載當出自《舊史》卷115《周世宗紀二》，第1531頁。

116. 頁317 注⑩，同上書（《舊史》）卷一一八，《周世宗紀》，引文「獲行賊見在壽州……」

按《舊史》卷 118《周世宗紀五》，第 1572 頁，原文作「獲正賊，見在壽州……」

117. 頁 318 注①，《通鑑》卷二九二，引文「以功臣、國戚為方鎮者多不閑吏事……」

按，此載當出自《通鑑》卷 290，後周太祖廣順元年正月，第 9451 頁。

118. 頁 318 注③，《舊史》卷一一五，《周世宗紀》，引文「……防禦、團練、刺史州各置推事一員」。

按《舊史》卷 115《周世宗紀二》，第 1531 頁，原文作「……防禦團練刺史州，各置推官一員」。

119. 頁 318 注④，《舊史》卷一二三，《高行周傳》，引文「由是不敢復然，敬達遂為光遠所害」。

按《舊史》卷 123《高行周傳》，第 1613 頁，原文作「由是不復敢然，敬達遂為光遠所害」。

120. 頁 319 注⑤，《舊史》卷一一三，《周太祖紀》，「……只以瓦代之。……陵內切不得傷他人命……」

按《舊史》卷 113《周太祖紀四》，第 1503 頁，原文作「……只以磚代之。……切不得傷他人命……」

121. 頁 320 注①，《舊史》卷一一五，《周世宗紀》，引文「……則何以見器量之淺深、知任用之當否……」

按《舊史》卷 115《周世宗紀二》，第 1526 頁，原文作「……則何以見器略之淺深、知任用之當否……」

122. 頁 320 注②，《舊史》卷一一五，《周世宗紀》，引文「……並量事狀輕輕，連坐舉主」。

按《舊史》卷 115《周世宗紀二》，第 1525 頁，原文作「……並量事狀重輕，連坐舉主」。

123. 頁 321 注②，《冊府》，卷五〇八，《邦計‧俸祿》，引文「文武百僚所請俸給，非唯後於諸軍……此後並宜支實錢」。

按《冊府》卷 508《邦計部‧俸祿四》，第 6100 頁，原文作「文武百僚所請俸給，支遣之時，非唯後於諸軍……此後並宜支與實錢」。

124. 頁 322 注①，《通鑑》卷二九三，引文「為政之本，莫大於擇人……

則以趨競為能事……乞令即日宰相於南宮三品、兩省給（事）舍（人）以上……如有不稱……試之以事……」

按《通鑑》卷293，後周世宗顯德四年九月，第9571～9572頁，原文作「為政之本，莫大擇人……則以趨競為心……乞令即日宰相於南宮三品、兩省給舍以上……若有不稱……試之於事……」

125. 頁322注⑤，《讀通鑑論》卷三〇，《五代》，著文「明末清初的王夫之斥他是賣主求榮之徒」。

按，此載當出自（清）王夫之：《讀通鑑論》卷28《五代上》，中華書局點校本1975年版，第1022頁。

126. 頁323注②，《新史》卷五四，《雜傳·馮道傳》，引文「無德無才，癡頑老子」。

按《新史》卷54《馮道傳》，第614頁，原文作「無才無德癡頑老子」。

127. 頁323注③，《舊史》卷一二六，《馮道傳》，引文「天下百姓如何得救」，「此時百姓，佛再出世救不得，惟皇帝救得」。

按《舊史》卷126《馮道傳》，第1660頁，原文作「天下百姓，如何可救」，「此時百姓，佛再出救不得，唯皇帝救得」。

128. 頁324注②，《通鑑》卷二九一，引文「……萬民之眾……」

按《通鑑》卷291，後周太祖廣順二年十月，第9517頁，原文作「……萬機之眾……」

129. 頁325注①，《通鑑》卷二九〇，引文「……又罪非反逆，往往族誅」。

按《通鑑》卷290，後周太祖廣順元年正月，第9451頁，原文作「……又罪非反逆，往往族誅、籍沒」。

130. 頁325注③，《舊史》卷一一〇，《周太祖紀》，引文「今後應犯竊盜贓及和姦者……」

按《舊史》卷100《周太祖紀一》，第1460頁，原文作「今後應犯竊盜賊贓及和姦者……」

131. 頁325注④，《舊史》卷一一〇，《周太祖紀》，引文「詔京兆、鳳翔府……」

按，此載當出自《舊史》卷111《周太祖紀二》，第1473頁。

132. 頁 326 注①,《舊史》卷一四七,《刑法志》,引文「……有理須申者……俾甚平允……」

按《舊史》卷 147《刑法志》,第 1973 頁,原文作「……有理須伸者……俾皆平允……」

133. 頁 326 注②,《會要》卷十,《刑法雜錄》,引文「候斷遣犯錄元案聞奏……」

按《會要》卷 10《刑法雜錄》,第 163 頁,原文作「候斷遣訖錄元案聞奏……」

134. 頁 326 注③,《會要》卷十,《刑法雜錄》,引文「……節級減稍罪人口食」,「如有疾病者……」

按《會要》卷 10《刑法雜錄》,第 164 頁,原文作「……節級減消罪人口食」,「如有病疾者……」

135. 頁 326 注⑤,《舊史》卷一四七,《刑法志》,引文「……明與奏聞,量與甄獎」。

按《舊史》卷 147《刑法志》,第 1973 頁,原文作「……明具聞奏,量與甄獎」。

136. 頁 327 注①,《通鑒》卷二九一,引文「……所訟必須己事,毋得挾私客訴」。

按《通鑒》卷 291,後周太祖廣順二年十月,第 9485 頁,原文作「……所訴必須己事,毋得挾私客訴」。

137. 頁 327 注②③,《會要》卷九十,《定格令》,引文「法書行用多時……」「律令之有難解者……」

按,兩載均當出自《會要》卷 9《定格令》,分見第 148、149 頁。

138. 頁 328 注①,《通鑒》卷二九三,引文「……使賊人徒侶自相糾告,糾告不虛則以賊產之半賞其告者;或一人能告十人……然被告者不可令至極刑……特與赦放……見今年鄭州封內……頃尉氏強民潛往密縣行劫……鎮將詣村驗縱……」

按,此載當出自《冊府》卷 476《臺省部‧奏議七》,第 5689 頁,原文作「……使賤人徒侶自相糾告,糾告不虛則以所告賊產之半賞其告者;或一人能告十賊……然所被告者不可令至極刑……特與疏放……見今鄭州封內……

頃歲尉氏強民潛往密縣行劫……鎮將詣村驗蹤……」

139. 頁 328 注②，《會要》卷八，《經籍》，引文「九經書、五經文字、九經字樣各二部，一百三十冊」。

按《會要》卷 8《經籍》，第 129 頁，原文作「進印板《九經》書、《五經文字》、《九經字樣》各二部，共一百三十冊」。

140. 頁 330 注①，《舊史》卷一一四，《周世宗紀》，引文「澶之里衖湫溢，公署毀圮」。

按《舊史》卷 114《周世宗紀一》，第 1510 頁，原文作「澶之里衖湫隘，公署毀圮」。

141. 頁 330 注③，《通鑒》卷二九〇，引文「……日中不起，國人謂之『睡王』」。

按《通鑒》卷 290，後周太祖廣順元年九月，第 9463 頁，原文作「……日中方起，國人謂之『睡王』」。

142. 頁 331 注①，《遼史》卷六，《穆宗紀》，引文「政事令婁國、林牙敵烈、侍中神都、郎君海裏等謀亂就戮」。

按《遼史》卷 6《穆宗紀上》，第 70 頁，原文作「政事令婁國、林牙敵烈、侍中神都、郎君海裏等謀亂就執」。

143. 頁 331 注⑥，《舊史》卷一一四，《周世宗紀》，引文「未便學太宗」。
按《舊史》卷 114《周世宗紀一》，第 1511 頁，原文作「未可便學太宗」。

144. 頁 332 注②，《舊史》卷一三五，《劉崇傳》，引文「僵屍棄甲，填滿山谷」等。

按，此載當出自《舊史》卷 114《周世宗紀一》，第 1513 頁。

145. 頁 333 注①，《舊史》卷一三五，《劉崇傳》，引文「廷誨饋盤食、解衣裘而與之」，「……即倉皇而去」。

按《舊史》卷 135《劉崇傳》，第 1812 頁，原文作「廷誨饋盤餐、解衣裘而與之」，「……即蒼黃而去」。

146. 頁 334 注④，《會要》卷十二，《京城諸軍》，引文「……今春高平與劉崇及蕃軍相遇……況百戶農夫未能贍一軍士……」

按《會要》卷 12《京城諸軍》，第 206 頁，原文作「……今春朕在高平與劉崇及蕃軍相遇……況百戶農夫未能贍一甲士……」

147. 頁 335 注①，《會要》卷十二，《京城諸軍》，引文「……進武藝超絕及有身首者……」

按《會要》卷 12《京城諸軍》，第 206 頁，原文作「……選武藝超絕及有身首者……」

148. 頁 335 注③，《舊史》卷一一四，《周世宗紀》，引文「召諸道募山林亡命之徒有勇力者……」

按《舊史》卷 114《周紀宗紀一》，第 1511 頁，原文作「詔諸道募山林亡命之徒有勇力者……」

149. 頁 336 注②，《通鑑》卷二九二，引文「……原去者給資裝而遣之」。

按《通鑑》卷 292，後周世宗顯德二年十一月，第 9533 頁，原文作「……願去者給資裝而遣之」。

150. 頁 337 注①，《舊史》卷一二八，《王樸傳》，引文「……則所向無敵矣」，「……然其力已喪，不足以為邊患，可為後圖，候其便，則一削平之」。

按《舊史》卷 128《王樸傳》，第 1680～1681 頁，原文作「……則所向無前矣」，「……但亦不足以為邊患，可為後圖，候其便則一削以平之」。

151. 頁 340 注①，《通鑑》卷二九二，引文「無才略，不知兵」，「專為貪暴，積財鉅萬……」

按《通鑑》292，後周世宗顯德三年正月，第 9535 頁，原文作「無才略，不習兵」，「專為貪暴，積財巨億……」

152. 頁 340 注③④，《通鑑》卷二九二，引文「初，唐人以茶鹽強民而徵其粟帛……」「專事俘掠……」

按，兩載均當出自《通鑑》卷 293，後周世宗顯德三年七月，第 9558 頁。

153. 頁 340 注⑤，《通鑑》卷二九二，引文「……或負糗糧以送之」。

按，此載當出自《通鑑》卷 293，後周世宗顯德三年七月，第 9558 頁，原文作「……或負糗糒以送之」。

154. 頁 342 注①，《舊史》卷一一七，《周世宗紀》，引文「……自用兵以來被虜卻骨肉……」

按《舊史》卷 117《周世宗紀四》，第 1557 頁，原文作「……自用兵以來，被擄卻骨肉者……」

155. 頁 343 注②，《通鑒》卷二九三，引文「吾得身免，幸矣……」

按《通鑒》卷 293，後周世宗顯德四年十二月，第 9576 頁，原文作「吾身得免，幸矣……」

五、第五章　五代的周邊各族與中外經濟文化交流

1. 頁 352 注③，《遼史》卷三九，《地理志》三，引文「歲貢布十五萬端、馬千匹」。

按，此載當出自《遼史》卷 72《宗室傳·義宗倍》，第 1210 頁。

2. 頁 352 注④，《遼史》卷七二，《義宗紀》，著文「大批渤海民戶被強徙於冀州、東州、寧州等地」。

按，此載當出自《遼史》卷 38《地理志二》，第 473～475 頁，宜作「大批渤海民戶被強徙於東州、尚州、寧州、歸州等地」。

3. 頁 352 注⑤，《北風揚沙錄》，轉引陳述《契丹社會經濟史稿》六六頁，著文「後唐朝，黑水部經常遣使至汴洛通商進貢……」

按，此載當出自《新史》卷 74《四夷附錄三》，第 920 頁。

4. 頁 352 注⑥，《契丹國志》卷二二，引文「阿保機慮女真為患……」

按，此載當出自《北風揚沙錄》，轉引自陳述：《契丹社會經濟史稿》，三聯書店 1963 年版，第 66 頁。

5. 頁 353 注①，《新史》卷七三，《四夷附錄·契丹》，引文「……不出租稅……兵回，各逐便歸於本處……所產人參、白附子、天南星、茯苓、松子、豬苓、白布等物，並係契丹樞密院所管」。

按，此載當出自（清）厲鶚：《遼史拾遺》卷 18《屬國表》，文淵閣四庫全書本第 289 冊，臺灣商務印書館 1986 年版，第 1029 頁，原文作「……無出租賦……回，各逐使歸於本處……所產人參、白附子、南星、茯苓、松子、豬苓、白皮等物，並係契丹樞密院所轄」。

6. 頁 353 注③，《遼史》卷三三，《營衛志》，引文「……天贊八年有東扒里斯胡損者……以奚部給役戶……命勃魯思主之……」

按《舊史》卷 33《營衛志下》，第 387 頁，原文作「……天贊二年有東扒里廝胡損者……以奚府給役戶……命勃魯恩主之……」

7. 頁 353 注⑥，《遼史》卷三三，《營衛志》，引文「……為撻馬狘沙裏……」

按《舊史》卷33《營衛志下》，第387頁，原文作「……為達馬狘沙裏……」

8. 頁359注①，《宋史》卷四九二，《吐蕃傳》，引文「……小者百十一家……」

按（元）脫脫等：《宋史》卷492《吐蕃傳》，中華書局點校本1985年版，第14151頁，原文作「……小者百十家……」

9. 頁359注②，《會要》卷二八，《吐蕃》，引文「番僧四人……」

按，此載當出自《會要》卷30《吐蕃》，第468頁。

10. 頁359注③，《舊史》卷一三八，《吐蕃傳》，引文「問其牙帳所居，曰：『西去涇州三千里。』明宗賜其虎皮……」

按，此載當出自《舊史》卷138《吐蕃傳》，第1841頁，原文作「問其牙帳所居，曰：『西去涇州二千里。』明宗賜以虎皮……」

11. 頁361注②，《會要》卷三十，《高麗》，著文「九五九年（顯德六年）又送來《別集孝經》一卷、《越王新義孝經》八卷……」

按《會要》卷30《高麗》，第472頁，當作「顯德六年（959）又送來《別序孝經》1卷、《越王孝經新義》8卷……」

12. 頁362注⑦，《舊史》卷一一五，《劉龑傳》，引文「廣聚南海珠璣」。

按，此載當出自《舊史》卷135《劉龑傳》，第1808頁。

13. 頁362注⑧，《新史》卷六八，《閩世家》，引文「招徠海中蠻夷商賈」。

按《新史》卷68《閩世家》，第846頁，原文作「招來海中蠻夷商賈」。

14. 頁362注（12），《十國》卷十六，《南唐·元宗紀》，引文「凡中國外名香以至和合燕飲、佩帶粉囊共九十二種，皆江南所無也」。

按《十國》卷16《南唐二·元宗紀》，第214頁，原文作「凡中國、外域，名香以至，和合煎飲，佩帶粉囊，共九十二種，皆江南所無也」。

15. 頁362注（13），《十國》卷十六，《南唐·元宗紀》，著文「又從南海輸入龍涎香」。

按《十國》卷16《南唐二·元宗紀》，第219頁，宜作「又從南海輸入龍腦漿」。

六、第六章　五代十國的科學文化

1. 頁365注①，《夢溪筆談》卷十八，《技藝》，引文「凡屋有三分……則

法堂也……前竿垂盡臂為『峻道』；前竿平時，後竿平肩為『平道』；前竿垂手，後竿平肩，此之謂『慢道』，謂之『下分』」。

按（宋）沈括撰，胡道靜校注：《夢溪筆談校證》卷18《技藝》，古典文學出版社1957年版，第570頁，原文作「凡屋有三分法……則廳堂法也……前竿垂盡臂、後竿展盡臂為『峻道』；前竿平肘、後竿平肩為『慢道』；前竿垂手、後竿平肩為『平道』，此之謂『下分』」。

2. 頁365注②，《夢溪筆談》卷十八，《技藝》，引文「錢氏據兩浙……錢帥患其塔動。匠師云，未及布瓦……乃以瓦布之……」

按《夢溪筆談校證》卷18《技藝》，第613頁，原文作「錢氏據兩浙時……錢帥登之，患其塔動。匠師云，未布瓦……方以瓦布之……」

3. 頁366注①，《會要》卷八，《經籍》，引文「……各從所業本經句度，抄寫注出，仔細看讀。然後雇召能雕字匠人，各部隨秩刻印板……」「……並須所印敕本，不得更便親本交錯」，「見在雕印板九經內，有《周禮》、《儀禮》、《公羊》、《穀梁》未有印本，今欲集學官校勘四經文字鏤印」。

按《會要》卷8《經籍》，第128～129頁，原文作「……各以所業本經句度抄寫注出，子細看讀。然後顧召能雕字匠人，各部隨帙刻印板……」「……並須依所印敕本，不得更使雜本交錯」，「見在雕印板《九經》內，有《周禮》、《儀禮》、《公羊》、《穀梁》四經未有印本，今欲集學官校勘四經文字鏤板」。

4. 頁368注①，《舊史》卷十，《梁末帝紀》，引文「皆須直書，不用詞藻」。

按《舊史》卷10《梁末帝紀下》，第146頁，原文作「皆須直書，不用文藻」。

5. 頁368注②，《會要》卷十八，《史館・雜錄》，著文「凡內外臣僚奏行公事……」

按，此載當出自《舊史》卷10《梁末帝紀下》，第146頁。

6. 頁368注③，《舊史》卷二十，《唐明宗紀》，著文「史館建議……」

按，此載當出自《會要》卷18《史館雜錄》，第303頁。

7. 頁368注④，《會要》卷十八，《前代史》，著文「又聞成都有唐朝實錄……」

按，此載當出自《舊史》卷37《唐明宗紀三》，第510頁。

8. 頁368注⑤，《史補》，著文「修撰諸臣中，賈緯倡議撰唐史……」

按，此載當出自《冊府》卷557《國史部：採撰三》，第6693頁。

9. 頁368注⑥，《冊府》卷五五七，《國史：採撰》，著文「張昭遠也徵集唐昭宗史料……」

按，此載當出自《闕文》，《梁史：梁太祖》，第2449頁。

10. 頁368注⑦，《舊史》卷四三，《趙熙傳》，著文「趙熙刪削訂正，頗有成效」。

按，此載當出自《舊史》卷93《趙熙傳》，第1235頁。

11. 頁371注②，陳垣：《中國佛教史籍概論》，第十一頁，著文「……載於《南漢金石錄》」。

按陳垣：《中國佛教史籍概論》，中華書局1962年版，第41頁，原文作「……載於《南漢金石志》」。

12. 頁372注①，《宋高僧傳》卷七，《五代棣州開元寺恒超傳》，引文「虛著褐老衣，浮杯道不成，誓傳經傳死，不染利名生」，「如其復爾，則吾在盧龍塞外矣」。

按（宋）贊寧：《宋高僧傳》卷7《漢棣州開元寺恒超傳》，中華書局點校本1987年版，第153頁，原文作「虛著褐衣老，浮杯道不成。誓傳經論死，不染利名生」，「而其復爾，則吾在盧龍塞外矣」。

13. 頁372注②，《宋高僧傳》卷七，《五代棣州開元寺恒超傳》，引文「具陳出家之人，豈得留心虛名薄利」。

按《宋高僧傳》卷7《漢棣州開元寺恒超傳》，第153頁，原文作「具陳出家之人豈得虛名薄利而留心乎」。

14. 頁375注④，《舊史》卷六十，《李襲吉傳》，引文「毒手尊拳，交相於幕衣……」

按《舊史》卷60《李襲吉傳》，第802頁，原文作「毒手尊拳，交相於暮夜……」

15. 頁376注①，《十國》卷五五七，《前蜀：僧可朋傳》，引文「農舍田頭鼓……」

按，此載當出自《十國》卷57《後蜀十：僧可朋傳》，第830頁。

16. 頁377注①，《蜀檮杌》，引文「錦衣鮮華手擎鶻，閒行氣貌多輕息……」

按《蜀檮杌校箋》卷1《前蜀先主》，第114頁。「錦衣鮮華手擎鶻，閒行

氣貌多輕忽……」

17. 頁 377 注②,《五代詩話》卷八,引文「舉世只知傷逝水……」

按(清)王士禎編,鄭方坤刪補《五代詩話》卷 8《僧貫休》,人民文學出版社點校本 1989 年版,第 314 頁,原文作「舉世只知嗟逝水……」

18. 頁 377 注④,《六一居士詩話》,引文「唐之晚年……」

按,此載宜作(宋)歐陽修:《歐陽修全集》卷 128《詩話》,中華書局點校本 2001 年版,第 1952 頁。

19. 頁 377 注⑥,《詩史》,引文「井梧紛墮砌……」

按,此載宜作《五代詩話》卷 3《徐楷》,第 170 頁。

20. 頁 378 注③,《史補》,引文「凡用兵皆以所撰詞授之,使揚聲而唱……則眾齊作,故人忘其死」。

按《史補》卷 2《莊宗能訓練兵士》,第 2487 頁,原文作「凡用軍,前後隊伍皆以所撰詞授之,使揭聲而唱……則眾歌齊作,故凡所鬥戰,人忘其死」。

21. 頁 379 注①,《南唐二主詞》,引文「……還與韶光共憔悴……」

按曾昭岷等編:《全唐五代詞》正編卷 3《李璟》,中華書局 1999 年版,第 726 頁,原文作「……還與容光憔悴……」

22. 頁 380 注①,《南唐二主詞》,引文「……無限江山……」

按《全唐五代詞》正編卷 3《李煜》,第 765 頁,原文作「……無限關山……」

23. 頁 381 注④,《夢溪筆談》卷十七,《書畫》,引文「……神氣出,別有生動之意」。

按《夢溪筆談校證》卷 17《書畫》,第 555 頁,原文作「……神氣迥出,別有生動之意」。

原載於《歷史文獻與傳統文化》第 16 輯、第 17 輯,暨南大學出版社 2012 年版;又載於《徽音永著:徐規教授紀念文集》,華東師範大學出版社 2012 年版;收入先師張其凡教授著:《五代宋史論集》,中國社會科學出版社 2018 年版

後　記

　　予自戊辰年入讀湖北大學歷史系歷史專業，迄今已逾三十三載，研治史學亦有二十餘年。而積年習作多以闡發五季宋初史諸問題為中心，刊發者間亦有之，然另有數篇或載之於論文集，抑或置諸箱篋，未為人知。今藉此際遇，匯為一編，以供通人達識者裁正，亦以為吾人此前學術之初步總結。茲略書數言以記之。

　　為學不易，治史尤難。史學以專精為貴，以授受為重，所謂「師非道也，道非師不嶹；師非學也，學非師不約」。回首從師問學之過往，予初涉學術之門徑，實得益於先後受教之三位恩師，即本科段之班主任彭忠德教授、碩士段之導師葛金芳教授與博士段之導師張其凡教授。三位教授之學術各有專擅，彭師專於文獻，以自學名家，熟諳先秦古籍，遍及文字、訓詁、目錄、校勘諸學，於史學史、文獻學諸領域創獲非細。葛師長於理論，通今貫古，辯才無礙，注重考察社會總相遞遷之軌跡，以探求宋代經濟史而知名於學界。先師張教授之學脈出於新會陳氏，講求史源，信必有徵，於宋代人物、軍事、職官、文獻皆有涉獵，於嶺南宋史研究亦有功焉。

　　「上有好者，下必有甚焉者矣。」三位受業恩師之治學風格，於吾人影響至深且巨。今以此集所收 25 篇文稿而論，其所涉時段大體集中於唐末至宋初，此與先師張教授由五代入宋史之治學路徑相類也；內容則奄及政治、職官、經濟、人口、軍事、地理、文獻、史學等，又多與三位恩師積年之研究皆有交集；而其方法則明顯脫胎於三位恩師，即考證與義理兼而有之，又以前者稍多。凡此等等，又均屬一家之言，亦為鄙人從師問學三十餘載之部分成果。

　　古人云「人貴知足，惟學不然」，此集諸文難免粗疏錯訛，自是筆者學藝未精、學力不逮所致，來日益當專精沉潛，惟願不辱吾師令名！

　　是以為記。

曾育榮

辛丑年卯月於武漢沙湖之濱